XIANDAI XINMEITI CHUANBO YU YUNYING YANJIU TANSUO

现代新媒体传播与运营研究探索

吕玲 刘珊珊 周冰 ◎著

中国出版集团

中译出版社

图书在版编目（CIP）数据

现代新媒体传播与运营研究探索／吕玲，刘珊珊，
周冰著 . -- 北京：中译出版社，2024.5
　　ISBN 978-7-5001-7929-0

　　Ⅰ.①现… Ⅱ.①吕… ②刘… ③周… Ⅲ.①传播媒
介-运营管理 Ⅳ.①G206.2

　　中国国家版本馆 CIP 数据核字（2024）第 103356 号

现代新媒体传播与运营研究探索
XIANDAI XINMEITI CHUANBO YU YUNYING YANJIU TANSUO

著　　者：吕　玲　刘珊珊　周　冰
策划编辑：于　宇
责任编辑：于　宇
文字编辑：田玉肖
营销编辑：马　萱　钟筏童
出版发行：中译出版社
地　　址：北京市西城区新街口外大街 28 号 102 号楼 4 层
电　　话：（010）68002494（编辑部）
邮　　编：100088
电子邮箱：book@ctph.com.cn
网　　址：http://www.ctph.com.cn

印　　刷：北京四海锦诚印刷技术有限公司
经　　销：新华书店
规　　格：710 mm × 1000 mm　1/16
印　　张：13.75
字　　数：223 千字
版　　次：2025 年 3 月第 1 版
印　　次：2025 年 3 月第 1 次印刷

ISBN 978-7-5001-7929-0　　定价：68.00 元

前　言

随着科技的飞速进步，新媒体已逐渐成为信息传播的主导力量。它不仅改变了人们获取信息的方式，还极大地影响了社会的各个方面。本书旨在深入探讨新媒体的传播与运营，以期为相关领域的实践提供理论指导。

本书首先介绍了新媒体的基础理论与技术应用，包括内涵、特征、生成条件、功能及技术支撑等。新媒体的崛起，离不开这些关键要素的支持。接着聚焦新媒体传播的各个方面，包括其理论依据、主体构成、传播模式以及受众分析。紧接着，则探讨新媒体传播的多元形式及其发展。新闻、广告、网络直播和短视频等，都是新媒体传播的重要形式，它们的发展趋势和特点值得深入探讨。然后从传播学的视角，审视新媒体运营的相关理论与实践。新媒体运营不仅是发布内容，还是一种策略和技巧的结合。此外，本书还针对"三微一端"和社群类新媒体进行深入的运营模式探究。从微信公众号到微博，从微视频到手机客户端，再到各类社群平台，这些新媒体平台的运营策略和技巧各有千秋。另外，我们将关注新媒体运营平台的新力量，如抖音、小红书和头条号等。这些平台在内容创作、用户互动和商业模式上都有其独到之处。最后是新媒体传播与运营的教学改革。探讨在互联网思维、大数据和智慧化教学的背景下，新媒体传播与运营的教学需要进行哪些调整和改进，以更好地适应时代的需求。

通过本书，读者可以深入了解现代新媒体传播与运营的基本理论和实践，掌握新媒体传播的最新动态和发展趋势，同时，还可以学习到一些成功案例和实用技巧。在写作本书的过程中，笔者深感自己的学识水平有限，因此，无法避免会出现一些疏漏和不足之处。在此，笔者真诚地邀请广大读者提出宝贵的意见和建议。笔者希望本书能够为相关研究者、从业者及政策制定者提供有益的参考和启示。希望通过本书的探讨，能对现代新媒体传播与运营的研究和实践有所启迪。

目　录

第一章

新媒体基础理论与技术应用

新媒体的崛起，不仅改变了信息传播的方式，也深刻地影响了我们的生活和工作方式。本章将深入探讨新媒体的内涵与特征，揭示其生成的条件与功能，同时剖析新媒体发展的技术支撑，并探讨新媒体技术在教学改革中的创新应用，以期为读者呈现一个全面而深入的理论与应用框架。

第一节　新媒体的内涵及特征

一、新媒体的内涵

（一）媒体的含义

媒体是一个外来词，源于英文单词"media/medium"，其原义可以解释为媒体，也可解释为媒介，在不少场合有所混用。但这两者在汉语中的意思相差很远，"媒体"是一种以传播信息为目的，以不同事物间产生联系为效果，借助种种技术手段、实现方法，具有一定的复杂内部结构的机构的具体表现形式。也就是说，媒体至少有两层概念：第一层是具体的表现形式，比如，印刷出版的报纸；第二层是维持并保证这一形式运行的机构组织，比如，报社机构。二者合一才能称为媒体。而"媒介"则指第一层中的传播介质。

媒体是通过一定的载体或平台来承载相关信息，在限定的社会道德观念、所在国家的政策法规、社会的经营需求下，以一定的内部体制来保证信息的不断传播、更新与影响的机构，是现代社会中的一个有机组成部分。一旦提及媒体，人们关注的是它的组织机构的属性，强调它作为一个组织、一个机构，在国家与社会中必须承担的义务与责任。

按照不同的标准，媒体便具有了各种不同的分类。

一是按照传播介质的不同，媒体分为：基于无线电技术的广播式媒体，包括电台、电视台等；基于纸质印刷出版的平面媒体，包括报纸、杂志等；基于互联网传播的网络媒体，包括网站、手机报、手机应用客户端等。

二是按照出现时间的先后顺序，媒体分为：旧式传播时期媒体，其中，主要有各类公告告示、早期的报纸杂志；大众传播时期媒体，主要有现代报纸杂志、广播电台、电视台等；计算机网络时期媒体，这里除了我们熟知的互联网之外，还包括数字广播、数字电视、智能手机、无线终端等。

三是按照不同的表现形式，媒体又可以分为平面媒体、有声媒体、影音媒体及多媒体。

（二）新媒体的含义

新媒体首先是一种媒体，是一种传播信息的媒介。它是相对于传统媒体而言的，是在传统媒体诞生之后诞生的，从某种意义上来说，没有传统媒体，就没有所谓的新媒体。

新媒体包括网络媒体、手机媒体、触摸媒体、移动电视、桌面视窗、数字电视等。新媒体还是一个宽泛的概念，即利用数字技术、网络技术，通过互联网、宽带局域网、无线通信网、卫星等渠道，以及电脑、手机、数字电视等终端，向用户提供信息和娱乐服务的传播形态。

严格来说，新媒体应该称为数字化新媒体。相对于报纸、杂志、广播、电视四大传统意义上的媒体，新媒体被形象地称为"第五媒体"。

（三）新媒体的核心本质

新媒体是以满足受众"需要"为根本目的，以应用最新技术为手段的现代化信息传播体系。它是媒体中的一员，得益于网络化、数字化的技术影响，是媒体发展的一种高级形式。同时，受众的需要又成为各种网络化、数字化技术突飞猛进的原动力，推动着新媒体的整体飞跃。

1. "需要"是区别新旧媒体的根本点

传统媒体一直发展的是媒体自身，这种发展存在可见的尽头，存在明显的限制。而新媒体则将媒体与受众打通，相互之间实现了融合，在有限的空间里打开了一片全新的天地。

新媒体所考虑的问题不仅仅是媒体自身需要什么、媒体的发展需要什么，而是更多考虑的是受众需要什么，以及媒体为了满足这种需要必须做什么。由于受众的群体无限，受众的需求也可能无限，它带给了新媒体以无限的发展潜力。更为确切的理解是：传统媒体时代，媒体带动着受众前进，发展到什么阶段，受众就得接受什么样的状态，受众没有选择，更不会有什么要求。

更明确的说法就是，看一个新媒体是否称得上新媒体，要看它是否以用户为中心，是否以创造需要、适应需要为目的。其区分的标准就是这么简单。一切表现手段、表现方法都是为中心目的服务的，只要理念能够向前发展，技术能够突破，哪怕是曾经传统的报纸、广播、电视，都可以和互联网一样成为新媒体的某种表现手段。

2. "需要"是现代营销的核心价值体现

现代营销学首次摆正了企业与消费者的关系，鲜明地提出了"以消费者需求为中心""以市场为出发点"及"用户至上"的口号，认为实现组织各种目标的关键在于正确地确定目标市场的需求和欲望，并比竞争对手更有效、更有力地传送目标市场所期望的东西。可以看出，应需而生，是其根本性的思想。

在新媒体发展阶段，媒体营销及营销媒体的理念也在形成。媒体就是一种在市场上进行竞争与运营的产品，在经营管理媒体的过程中，对于用户或受众需求的重视，对于市场需求的重视，成为新媒体发展的原动力，也成为新媒体之所以被社会接受的根本原因。可以说，新媒体是整个传媒产业中首先考虑用户需求，思考自己与用户之间的相互关系，并着重考虑用户的感受与需求的特殊产品。它最根本的目的，就是希望将自己推销出去，推销到用户的面前，并且能够成为最成功的产品。

新媒体同时也是现代产业营销最为关注的媒体领域，因为现代企业所希望对外传播的不仅仅是自己的产品，更有自己的信息动态、发展方向及企业理念。现代企业尤其重视对目标客户的抓取，而利用新媒体的人际关系网络能够获得来自客户的各种信息与反馈，并在这种传播中占据更为主动的地位。这已经不是传统媒体所能够提供得了的，只能依赖于新媒体的即时与互动特性。对于新媒体来说，企业同样也是用户，也是新媒体兑现"适应需要""满足需要"的一个努力方向。也只有新媒体才能如此深入地切入企业营销的过程中，实现与传播同步扩大影响的终极目的。

3. "需要"是现代产业发展的主要转折点

人类社会在农业文明之后经历了蒸汽机发明、电力应用、原子能应用这三次工业化的大革命，能源、动力的飞跃升级直接带来生产力的大幅提高，从而引发了生产关系与上层建筑的显著变化。之后，计算机的发明、网络的诞生以及移动通信产业的覆盖引发了三次信息技术的大革命。这三次革命已经不再只是表面可见的物质生产力的提升，更多的是意识形态上的飞跃。最终作用于所有现有生产力与生产关系的一次新革命，主力军就是新媒体的产业化发展。它不再像传统媒体那样，做一个客观的观察者、报道者，或至多是评论者，而实质上成了现代社会不可缺少的全面参与者。新媒体的信息传播过程，也是现代产业发展过程的一部分，是现代产业快速增长变化不可或缺的重要内容。

而在产业发展中，为了追求局部经济效益的最大化，企业往往以牺牲个性需求为代价换取满足大众需求所带来的批量化好处。这种现象在工业化大生产时代表现得尤为突出。但久而久之，便出现了过分关注企业利益而忽视用户利益、过分追求现有市场而忽视潜在市场、过分讲究保守策略而回避风险战略的弊端，成为现代产业发展中的大阻力点。

而新媒体却会充分考虑用户需要，并围绕受众需要，合理配置、有效整合自身资源，从而协助有需要的企业进行产品包装、宣传策划直至市场营销、网络布局、产品维护和品牌战略规划，为它们提供一条龙的产业链服务，使自身以及与之进行合作的企业获得双赢的效果。现代社会已经不再只是小农经济下非常简单的产业结构关系，各行各业之间的联系千丝万缕，相互之间的影响难以估计。这些关系的理顺与影响，往往正是新媒体操作的擅长之处。

由于可以最大限度地挖掘到用户的需要，新媒体恰恰可以帮助现代产业摆脱自身发展的瓶颈，寻求新的发展。更为重要的是，借助新媒体独到的机制，企业可以更加敏锐地捕捉到用户的真实想法与真实需求，深层次地解决用户的潜在需求，从而开拓出更为广阔的市场空间，从根本上再一次解放、提高生产力，这方面最突出的代表就是电子商务的发展。由于依托了新媒体技术的发展与支持，电子商务完全解放了人们对消费和商品需求的限制，它的发展并不是对传统商务市场的硬性切割，而是深度激发，从而引发整体市场的共同繁荣。

而且，新媒体本身的产业化发展趋势也越来越明显，这不仅符合新闻媒体发展的基本规律，是市场经济条件下媒体生存和发展的必由之路，同时，也是整个社会的经济形式与经济结构发展变化的必然过程。信息在产业经济中的地位得到了高度的认可，其价值也不断提高，这也是最根本的受众需要、用户需要。

一言以蔽之，因需要而生，为需要而发展，这就是新媒体的本质。

二、新媒体的特征

（一）传播特征

从传播学角度来看，较之于传统媒体，新媒体有它自身的一些特征。

1. 消解权威性

学界比较一致的看法是，新媒体最大的特点是它具有巨大的消解力量——消解传统媒体（电视、广播、报纸、通信）之间的边界，消解国家与国家之间、社群之间、产业之间的边界，消解信息发送者与接收者之间的边界，消解社会权威，使整个社会处于去中心化状态。

在消解媒介边界，消解国家、社群和产业边界的同时，新媒体建立起了与受众真正的联系。同时，新媒体具有的前所未有的交互性，突破了一切时空界限。新媒体给媒体行业带来了许多如"人人都是麦克风""我的世界我做主"等新的理念和模式，促使专业媒体的节目、栏目对象化、专业化越来越强，卖方市场转向买方市场。

2. 变线性传播为多人对多人的传播

新媒体与传统媒体最大的区别在于传播状态的改变：由一点对多点变为多点对多点。从传播学的角度来分析，新媒体传播有四个特点：①每个人都可以进行大众传播；②信息与意义无直接关联；③受众的主动性大大增强；④大众传播的小众化。传统媒体的传播方式是上对下、主对从、强对弱、社会精英对普罗大众的传播，是单向、线性、瀑布式、不可选择的。它集中表现为在特定的时间内由信息发布者向受众传播信息，受众只能被动接受，只能做所谓的"容器人"，很少能做出信息反馈。这种静态的传播方式使得信息不具流动性。而新媒体的传播方式是双向或多向的，传统的发布者和受众现在都成为信息的发布者，而且可以进行互动，使得信息变得更有价值，受众也强烈地体会到一种参与感，主动性和积极性被空前调动起来，信息的互动性使得受众角色实现由被动到主动的根本性改变。

3. 传播成本大大降低

新媒体近乎于零费用的信息发布，对受众多为免费服务，对传统媒体的新闻产品制作成本造成挑战。

对传统媒体而言，无论是纸质媒体还是电子媒体，在采集信息、制作成品和推向市场的整个流水线生产过程中，每一步都是以大量资金投入为保障的，报纸、杂志的纸张，印制报刊必不可少的印刷设备、发行和售卖，电台、电视台的节目制作设备、信息采集和节目制作乃至特技、字幕音响等的生产过程，无不需要很大的人力成本和资金投入，因此，总体上来说，传统传媒本质上是"富人的事业"，普通老百姓基本上与传播事业无关。

但自从有了互联网，情况就发生了根本性变化。一条网线，一台电脑，一个路由器，就可以开办起一家信息传播媒体，甚至有可能产生巨大的社会影响，而不需要巨额资金做支撑。到了 4G/5G 时代，传播成本更是趋向于零，只要有一部手机，就可以随时随地采集和发布信息，只需要付给电信运营商一定的信息流量费用，而不需要为信息的采集、制作和传播支付其他费用。

4. 主要依赖技术系统

新媒体技术具有后天性特征，新媒体技术是由人类开发出来的体外技术系统，不是人类先天自然拥有的技能，没有数字化等技术，新媒体完全不可能存在。

数字技术是新媒体的核心，它由硬件设备和软件技术两大部分组成，包括录入技术、存储技术、传输技术、接收技术、控制技术、管理技术等相关技术。因此，可以说，没有数字技术，就没有新媒体的产生。而要掌握和使用新媒体，懂得基本的数字技术就成了最为关键的一环。

5. 传播行为较个性化

博客、播客、微信等新的传播方式，使得每一个人都成为信息的发布者，可以便捷地表达自己个性化的观点，传播自己关注的信息。个性化的传播方式一方面让众人体会着发布信息、影响他人的快感；另一方面，也产生了个人隐私难以保障、信息内容良莠不齐的弊端，为信息管理带来困难，也对受众的信息选择能力提出了更高的要求。

6. 接受方式由固定到移动

无线移动技术的发展使得新媒体具备移动性的特点，用手机上网、看电视、听广播，在公交车、出租车甚至飞机、火车上看电视越来越成为寻常的事情。随着 5G 技术的到来，移动性将成为未来新媒体的主要特性。

7. 传播的实时化

技术的发展使得新媒体可以实现信息的实时传播，不再需要复杂的剪辑和烦琐的排版与后期制作，技术的简单便捷可以使得信息在全球实现实时传播这一优势是任何传统媒体所无法比拟的。目前，一些大的门户网站基本上都可以实现文字和视频音频的实时传播，时空的距离被缩减到最小。

8. 从单一传播到融合传播

与传统媒体相比，新媒体在传播内容方面更为丰富，文字、图像、声音等多媒体化成为一种趋势。与此同时，新媒体传播的交融性还表现在终端的使用方面，一部手机不仅仅可以用来通话、发短信，同时，还可以用来听广播、看电视、上网，多种媒体的功能集合于一身，而这些功能的实现是以互联网、通信网、广播电视网等多种网络的融合为基础的。

当然，传统媒体的主流地位目前还难以被取代，新媒体发展必须建立在继承传统媒体的基础上，内容优势、受众对传统媒体信息质量的信任是传统媒体受青睐的主要原因。为了发挥二者的优势，一些新的媒介形式就此诞生，如报纸与网络结合即出现手机报，电视与网络结合即出现网络电视，手机与电视结合即出现了手机电视。

传统媒体也会借助数字技术转变为新媒体，如模拟电视向数字电视的转变。借助新媒体技术，传统的印刷媒体也在进行着蜕变；在信息的生产和处理方式上由模拟流程转向数字流程，媒体呈现方式由物理媒体转向数字媒体，存储方式由仓库存储转向高密数字存储，传输方式由交通传输转向数字网络传输。

（二）文化特征

新媒体具有交互性和跨时空的特点，可以与受众真正建立联系，这给媒体行业带来了许多新的理念和模式，并形成一种新的媒介文化和社会文化。总体上来说，新媒体的文化特征符合大众文化的基本要素，是大众文化的展示平台、集散中心和孕育之地。

我们知道，根据文化的品位，可以把文化大体分为精英文化和大众文化两大类。而新媒体文化的主流形态是大众文化，是一种快餐式的消费文化。

1. 强大的包容性及融合性

新媒体具有强大的媒体融合特征，它囊括了传统媒介所有的内容和信息发布方式，整合发展出手机报、移动博客、电子杂志、电子邮箱、网络电视、手机广播等多种新型的信息表达模式，充分展示了内容与形式完美统一的魅力。

新媒体的媒介形式是新的，而文化的内核却是古老的，古老与全新的整合形成了传统文化之外的一道文化景观，同时，也实现了内容与形式的超越，如具有代表性的虚拟社区、手机文学、网络文学、网络动画。

过去，我们习惯性地认为媒体是党和政府的喉舌，是党和政府的忠实代言人。传统媒体在党的支持下创办和发展，承担着宣传党的路线方针政策的任务。不过，新媒体的出现使这一情况发生了一些看得见的变化，那就是媒体不仅可以作为政党与政府的喉舌和工具，也可以成为企业（及其他组织）与个人的喉舌和工具。

互联网等新媒体的发展，也是我国民主进程的必然产物。它的开放性和互动性决定了其作为"人民喉舌"的地位。从长远来看，新媒体必将成为影响社会舆论的主要力量。

2. 全球化扩张和不同文化的兼容

随着新媒介的兴起、普及和在全球的蔓延，利用媒介进行文化扩张也变得越来越轻松、便利。新媒体作为其推行文化霸权主义畅通无阻的上佳利器，更为以美国为代表的西方国家推行新的文化霸权提供了有效的数字化平台。作为一种文化形态，新媒体文化常常是以"兴趣"为旨归，兼收并蓄，博采众长，广泛吸纳各种文化元素，而不再像传统的精英文化那样强调"价值"的重要性，不再固守传统文化边界，因此，更具有全球扩张的冲动与能力，能够做到最大限度地与外来文化融合。

3. 文化生态：现实和虚拟的交错

新媒体让现实走向虚拟。网络发言的匿名性带给许多人以安全的暗示，在互联网上，没有人知道对方的真实身份。因为对于多数使用网络的人来说，在虚拟世界里，匿名是件很平常的事情。

不管权力、财富、年龄还是学历，每个人在匿名网络上都只有同一个身份，那就是"网友"。身份差异的消失溶解了等级差异，也溶解了随身份等级而来的种种清规戒律与现实顾忌。特别是用户通过网络讨论涉及政治、性等敏感问题时，匿名不仅可以使用户畅所欲言，而且还可以有效地保护自己的隐私权。

匿名就意味着新媒体用户不用为自己的言语和行为承担责任。而且，网络世界比现实世界具有更大的想象空间，更加剧了网友的猎奇心理。网络的信息量完全可以用无限来形容，任何人都可以在网上找到自己的"家园"。但网上的信息最终还得回到现实社会落地，还会直接或间接影响人们的现实生活，新媒体对现实世界的冲击可谓空前绝后，几乎现实世界中可以找到的，在网络世界中都可以找到其对应物：社区、政务、游戏、邮件、论坛、购物……现代都市人的生活真的被新媒体"一网打尽"。然而，网络社会其实只不过是现实社会的精神延伸。

4. 大众狂欢的娱乐特征

网络文化，充分体现了休闲娱乐与艺术鉴赏的特征。新媒体艺术集中体现了一个国家艺术与科学协同发展的最新成果，有着鲜明的信息经济和文化特点。如上海世博会中国馆的主题艺术品《清明上河图》，同样令人耳目一新，流连忘返。

然而，网上的大众狂欢又是非理性的，这种非理性催生了一系列网络文化形态，如"人肉"围观、恶搞就是典型形态。

5. 人际交往及情感交流

网络打破了以往除大众传播以外的面对面的交流模式，人们不再受空间限制，可以随心所欲地交流。最有代表性的是手机、QQ、MSN、BBS、贴吧等，一些在现实生活中遇到不顺和性格内向、不善交际的人，往往会通过网络寻找"知音"和同人，不会再顾及现实社会中的一些清规戒律，于是，从网友到网恋，从网恋到见面，极大地改变了传统的人际交往关系与情感交流关系。

6. 文化表达：个性张扬中颠覆传统

新媒介文化是文化表征的一种新的存在方式和呈现形态，它体现了人类文化发展对于表征效果透明化和完美化追求的历史夙愿。"透明化"，即表征活动力图使其效果达到客观真实、彻底透明，从而实现认识对于事物、主体对于客体的忠实一致。再现论和写实主义（如现实主义、自然主义等）即是这种文化旨趣的反映。这种"客观真实"影响了中西传统真理观的建构。

透明化与完美化的表征效果一直是人类文化所致力追求的目标。但在历史上，由于表征媒介（如语言）的天然限制，绝对透明和完美的表征效果更多的是一种想象。毕竟，语言在本质上是符号，是编码后的产物，是原物的符号替代品而非实物抛开编码的因素，我们看其表征的形象效果，它所呈现出来的也只是轮廓，且渗透着主观感觉，甚或虚构性成分，而不是对事物的精确客观再现，其细节构成也经不起显微镜式的推敲考察。

随着电子传媒的广泛普及，媒介技术水平的实质性跨越与其高科技含量的加强，特别是数码技术的加盟，使媒介文化在表征现实时高度清晰、高度仿真，其效果比真实还要"真实"，如数码相机和数码 DV 等的拍摄和制作效果。从某种意义上来看，此时已经达到或接近达到表征活动所苦苦追求的透明化效果。当代数码技术可以对已经达到高度透明化的文本在技术上进行完美化制作和再加工。以照片为例，新技术可以对照片中人物的胖瘦、高矮、色彩、背景的明暗度，以及脸上的雀斑等进行随心所欲的修改，从而最大限度地满足创作者对于文本表征完美化效果的主观想象，满足新媒介文化对于其表征文本完美化的制作诉求。

（三）产业特征

从产业角度来看，新媒体有如下特征。

1. 产业方式的多元化

报纸基本上是编辑、记者等专业人员将经过选择后的公共信息单向传给读者，信息流动是单向的，这决定了其产业特征的垄断化，其生产过程具有某种神秘性。读者如果有点意见，通过报纸是无法反馈过去的，得通过打电话、写信等其他手段。

虽然广播和电视有时候也可以互动，但那是后来新增加的功能，过去的广播和电视也是单向的。而现在的新媒体，有单向的，有多向的，有单发的，有群发的，有互动的，还有群体互动的，所以它的传播手段是多元的，这就决定了其产业方式也是多元的。

现在已经实现了用手机看报，无论是走在大街上，还是坐在地铁里，只要打开手机，报纸上的重要新闻就可以一览无余了。没有与之相适应的产业，这种功能就无法实现。

2. 产业技术兼容

新媒体实际上是个人移动的数字技术加上无线数字通信技术。新媒体不仅可以实现传统媒体的信息传输功能，还具有传统媒体所无法承担的崭新功能。比如，现在出现的手机银行，要给谁转钱，在公交上、地铁里就能完成，不用去银行了，它这种技术的兼容性非常好。再如，青年人喜欢的手机影院实现了在手机上看电影的可能。新媒介事实上已经变成无围墙的电影院。

3. 满足分众传播需求

信息传播虽然无所不在、无时不在，但都是有信息发布源头的。而信息发布产业选择发布对象，必定要考虑不同对象的实际要求、不同群体的不同诉求，这就不可避免地要实现分众传播。特定信息发给谁，是以细分受众为依据的，是为满足消费者细分需求的一种分众传播。这样，传统的产业模板就无法适应全民多元化的信息需求了，必须从产业建构上来满足细分受众的信息传播需求。

4. 适应扁平化的需求

所谓扁平化，就是中间环节越来越简化，直接从源头到消费者。最典型的就是博客、微博和微信。博客、微博和微信上对一些产品的宣传，直接就到消费者了，中间没有经过分销商，而是直接推送到消费者的电脑和手机里。这种扁平化的传播极大地降低了公共信息传播的成本。扁平化管理是现代社会的重要特征，是民主政治追求的方向，是减少中间层次、强化民主管理的必要机制。

第二节　新媒体的生成条件与功能

一、新媒体的生成条件

新媒体的生成条件总体来说，共有以下六方面的内容：一是互联网的出现，二是让互联网诞生的那些人及其理论，三是 TCP/IP 协议（人类至今共同遵循的网络传输控制协议），四是互动终端介质的形成及成熟使用（智能手机、家庭大屏等成为新媒体的载体），五是网民与移动互联网用户规模的扩大，六是新媒体技术的发展与应用。

（一）互联网的出现

关于互联网的名称，中国社会科学院新闻与传播研究所副研究员闵大洪于2001 年发表的《全球化时代中文网络的价值》一文中解释道："因特网，即 In-ternet，全国科学技术名词审定委员会于 1997 年 7 月 18 日确定公布。此前在大陆曾被译作'国际互联网络'而广泛使用，实际上今天'因特网''互联网'在大陆处于混用状态。台港澳及海外则将 'Internet' 译为 '网际网路'。"①

1. 互联网的诞生过程

1957 年 10 月 4 日，苏联成功发射了世界上第一颗人造地球卫星。10 月 8日，时任美国总统艾森豪威尔发表讲话，提出美国"必须给科学技术和教育以优

---

① 闵大洪. 全球化时代中文网络的价值[J]. 新闻与传播研究,2001(1):34.

先权"，并成立高等研究计划局，即现在的美国国防部高级研究计划局（ARPA），立项"阿帕"计划。

1965 年，鲍勃·泰勒（Bob Taylor）担任该局信息处理技术处处长。当时的计算机非常昂贵，而且每台计算机都使用不同的系统。他第一个萌发了新型计算机网络试验的设想，并筹集到资金启动试验，即互联网的前身——阿帕网（AR-PANet）①。

最开始的阿帕网由国防部提供经费，到了 20 世纪 80 年代，其资金来源变成美国国家科学基金会，之后，美国人把阿帕网改名为互联网，沿用至今。

2. 中国互联网早期的应用、构建

1994 年以前可称为中国互联网的史前阶段。由于互联网初期的技术门槛较高，资源极为紧缺，因此，仅有少数科技工作者、科研技术人员使用互联网，使用的范围被限制在科学研究、学术交流等较窄领域。中国全功能接入互联网前对其最早的应用，可以上溯到 1986 年中国第一封电子邮件的发出。

（1）第一封电子邮件

北京的高能物理所，创立了中国第一套国际电子邮件系统。1986 年 8 月 25 日，瑞士日内瓦时间 4 点 11 分 24 秒，即北京时间 11 点 11 分 24 秒，中国科学院高能物理研究所的吴为民在北京 710 所的一台 IBM-PC 机上，通过卫星连接，向位于日内瓦的斯坦伯格发出了中国第一封国际电子邮件②。

（2）我国第一个电子邮件节点

1987 年 9 月，我国王运丰教授和李澄炯博士等人在合作伙伴德国卡尔斯鲁厄大学理工学院维纳·措恩教授带领的科研小组的帮助下，于北京计算机技术及应用研究所建成了一个电子邮件节点。随后，在 1987 年 9 月 20 日于北京向德国成功发出了一封电子邮件，邮件内容为："Across the Great Wall, we can reach every corner in the world."③（越过长城，走向世界）由此揭开了我国互联网应用的序幕。

---

① 方兴东,王俊秀. 鲍勃·泰勒:数字时代的精神领袖[J]. 软件工程师,2008(Z1):15-19.

② 吴为民. 中国第一封电子邮件[J]. 现代物理知识,2009,21(3):57-61.

③ 邓冠文. 中国互联网宽带技术的历史与发展方向[J]. 中国新技术新产品,2011(9):26-27.

（3）IHEP 网和 NCFC 网

第一个电子邮件节点建成之后，中国快速步入了计算机网络时代。

IHEP 网，即中国科学院高能物理所（Institute of High Energy Physics）网络，初步建成于 1988 年，是中国最早建立的高性能计算机网络，当年便实现了与欧洲核子研究中心的计算机网络的连接。1991 年 3 月，为满足国际合作的需要，建立了与美国斯坦福直线加速器中心（SLAC）计算机网络的连接。1994 年 4 月，IHEP 成为中国首家进入国际计算机互联网络（Internet）的机构[①]。

NCFC，即北京"中关村地区教育与科研示范网"（The National Computing and Networking Facility of China），是国内第一个示范网络。中国科学院在 1990 年 4 月由国家科委正式立项，并利用于 1989 年 8 月 26 日通过论证的国家计委组织的世界银行贷款，在北京中关村地区开始建立国内规模最大的全光缆计算机网络。它包括一个主干网和中国科学院、北京大学、清华大学三个院校网，总投资 7000 万元人民币。1994 年 4 月正式接连互联网[②]。

3. 中国全功能接入互联网

1994 年初，正值中美双边科技联合会议召开之际，时任中科院副院长的胡启恒专程赴美拜访主管互联网的美国自然科学基金会，重申了加入互联网的要求。4 月 20 日，中国实现了与国际互联网的全功能连接，翻开了中国互联网发展史的新篇章。[③]

1994 年是中国互联网初始年，而很多业界人士会称 1994 年出生的人是互联网原住民。

（二）TCP/IP 协议

在互联网早期发展阶段，不同的国家、不同的领域、一个国家内不同的地区都有各自的局域网、科研网、校园网等，如何突破各自限制将这些网络连接在一起，需要一个规范的电子设备和数据传输的共同标准。

TCP/IP 协议定义了电子设备如何连入因特网，以及数据如何在它们之间传

---

① 闵大洪. 中国步入计算机网络时代[J]. 新闻与传播研究,1996(1):22-29.
② 闵大洪. 中国步入计算机网络时代[J]. 新闻与传播研究,1996(1):22-29.
③ 吴晓芳,姜奇平,张明. 昨天篇:互联网的中国之路[J]. 世界知识,2011(11):14-17.

输的标准，是国际性互联网的基础。

TCP/IP 是一个协议族的统称，里面包括了 IP 协议、ICMP 协议、TCP 协议等。网络中的计算机都采用这套协议族进行互联。IP 地址使得使用者在全球互联网中，可以联系到任何一台想要联系到的计算机，让不同的网络在一起工作，让不同网络上的不同计算机一起工作。

（三）互动终端介质的形成及成熟使用

互联网媒体，特别是移动互联网与智能手机密切协作，直接促进了新媒体的产生与发展。

新媒体一定是互联网与技术媒体融合的一个互动终端介质，比如，电脑、手机等。

下面主要探讨手机，特别是智能手机的出现与普及。

1. 手机的发明过程

20 世纪 20 年代，首先出现了步话机、对讲机等。20 世纪 40 年代中期到 60 年代初期，移动通信开始从专用移动网向公用移动网过渡，无线电话开始进入人们的视线。

手机的发明者是美国人马丁·库帕。在他的不断努力下，无线电话体积越来越小，到了 1987 年，无线电话的体积像一块砖头大，这就是所谓的"大哥大"。从那以后，无线电话的发展越来越迅速。1991 年，无线电话通常的重量为 250 克左右。1996 年秋，摩托罗拉公司的无线电话重量已减少到 100 克，真正意义的手机诞生了。

2. 智能手机的出现与普及

智能手机（smart phone）是由掌上电脑（pocket PC）演变而来的。最早的掌上电脑并不具备手机通话功能，但是随着用户对于掌上电脑个人信息处理功能的依赖加深，又不习惯于随时都携带手机和掌上电脑两个设备，所以厂商将掌上电脑的系统移植到手机中，才出现了智能手机这个概念。智能手机比传统手机具有更多的综合性处理功能。

（四）新媒体技术的发展与应用

人类社会的重大变化总是伴随着重大技术的诞生。

随着连接不同计算机的技术、分布式通信理论、TCP/IP 协议、分组连接等各类理论技术的相继出现，世界范围内的网络登录开始了。与此同时，通信技术、电信技术、数字技术、物流技术、芯片技术等日渐成熟，传感器、云计算的飞速发展让万物相连和无处不在的智能化更为普遍，计算机、互联网与生物技术的结合正呈现出人机共同进化的可能。物联网、人工智能的新媒体时代正向我们走来。

二、新媒体的四大主要功能

新媒体的四大功能分别是社会的传感器、生成与汇聚数据、病毒式传播和有痕记录。下面进行具体分析。

（一）新媒体是社会的传感器

美国著名报人普利策曾说："倘若一个国家是一条航行在大海上的船，新闻记者就是船头的瞭望者。他要在一望无际的海面上观察一切，审视海上的不测风云和浅滩暗礁，及时发出警报。他所考虑的并不是自己的薪水，也不是他的船长的利益。他在那里是为了看护信任他的人民的安全和利益。"[1]

普利策所说的新闻记者瞭望者功能在新媒体时代依然存在，且视野更广阔、立体了，瞭望者变成了传感器。社会方方面面存在的各种摄像头就是新闻材料的原始聚焦库，警察办案要调动、查找的就是摄像监控汇集记录的大量的原始数据。它们是新媒体传感功能的所在。

（二）新媒体生成与汇聚数据

信息和数据是不同的：信息是结构化了的数据，有可伪性；数据，尤其是大数据，原始化、本真化、规模大，可解读的方面全而且客观，所以如果媒体不能

---

① 曹茸. 浅析普利策新闻奖的价值取向[J]. 新闻传播,2003(12):36-38.

作为数据的总汇，还仍只是信息的总汇时总是有欠缺的，不能本真地表达事物的原貌。如果传统媒体还不能及时更新、升级内容的获取方式，被社交媒体冲击是必然的。

现在新媒体要有强大的数据生成能力和汇聚能力。媒体要从信息总汇变成数据总汇才能成为新媒体。而在新闻行业的新平台面前，完善数据与人的关系尤为重要。

应用数据能够帮助人做判断，更引发了智能化时代对于人类位置的思索。同时，在人才培养的过程中，把数据思维融入教育教学也至关重要。

中国传媒大学新闻传播学部部长高晓虹认为，学习数据新闻应有三个要点："第一是要学会引用数据，要用得对、用得准、用得精、用得巧。第二是要做好数据的比较，让数据在表达中'会说话'，而不是冰冷的罗列。第三就是对接前沿的需求，开展数据研究。"①

因此，高校新闻与新媒体教育中，一定要提升学生的数据素养，教会学生研究和分析数据，以提高他们挖掘数据、选择数据和应用数据的能力。

（三）新媒体的病毒式传播

1. 病毒式传播的定义

病毒式传播又名"精神病毒"，也可称为信息裂变、核爆。英文写作"virality"，是指不是通过公众媒体或者其他一些主流新闻媒体传播的事物。通常用来形容普通人发布的、很快流行起来的东西。通过个人传播的过程称为"结构性病毒式传播"（structural virality）。

病毒式传播是网络传播方式的一种。举个简单的例子：将你想要传播的东西发到网上，别人看了觉得不错，就会分享，与分享人有关的人看到了会再次分享，这样信息到达的受众就会呈指数增长，与病毒分裂方式相似。

病毒式传播的概念源自病毒式营销，在传播学中病毒式传播的名称由生物学导入，因病毒式传播模式与生物病毒的感染、扩散机制类似而得名。它是一种与

---

① 李思垣. 未来媒体什么样？他们用"移动"与"数据"画了个像[EB]. 人民日报客户端，（2018-11-29）[2019-04-10]。

人际传播、口碑传播相结合，巧借传播平台、发掘受众潜力的高效率传播战术，也是人们自发行为的表达和文化热潮，早期并没有明显的功利目的。

2. 病毒式传播的方式

一是天生自发传播。这是最基础且原始的一种病毒式传播类别。如果产品具有较高用户好感度或良好的品质，用户会自然自发地转变为"传播者"，在经过一段时间的口碑效应传播后，会呈现爆炸性的增长。

二是协同传播。协同传播指当用户与其他人共同使用新媒体时，将获得比单独使用时更高的价值，广义上亦指用社会化分工和合作的方法，互动连接沟通多方面信息与渠道，更广泛地生成复杂多效的信息网来传递信息。

新媒体病毒式传播重视线上线下协同宣传，重视新兴社交媒体、自媒体、传统大众媒体联手，协同打造全媒体平台。多媒体内容传播、广告品牌创意传播、营销软文传播等，就是在进行协同传播。

三是沟通效应传播。沟通效应传播在微博、微信等社交媒体中经常出现，通常以微信朋友圈分享及微信好友一对一或现实生活中实际沟通等相对私人的沟通方式进行传播。这种传播更容易发生在具有私密关系、相互信任、相互关注的熟人群体中，由熟人特别是家人朋友分享转发的信息，接收者更容易接受、点开阅读或进行再次分享转发。

四是激励效应传播。激励效应传播是指在网站上邀请其他人加入进来时，系统会给予相应的奖励，经常用于商家通过让用户分享自己购买使用某种产品的信息或游戏进程来换取优惠，从而达到产品信息的进一步广泛传播。在移动互联网时代两微一端（微博、微信、新闻客户端）等新媒体进行病毒式传播与营销时，要适时抓住此激励效应进行传播。

五是可植入性传播。这种方式大多适用于内容性产品，原创者会把原创信息或广告等植入内容（文章、视频、资料等），以优质内容的大面积传播带动产品推广度的提高。

六是签名式传播。签名式传播一般出现在查看信息或使用程序时，即使用分享或保存功能时，在传播的信息中附加产品个性化签名，以吸引用户注意力，达到传播的目的。

七是社交化传播。这种传播依附现有的社交网络，当用户使用该产品的时候，社交网络会将用户相关信息或用户当前状态或显性或隐性地传播给其他用户，促使其好友参与进来。

八是话题性传播。话题性事件是指某时段内人们愿意讨论这款产品或和这款产品相关的事件。话题性传播注重在某一时期吸引社交媒体及用户的话题讨论度，话题可能有好有坏。这种产品或内容一般具有话题度高、娱乐性强、争议性大的特点，所以更容易在短时间内获得更大的传播范围。

（四）新媒体的有痕记录

在互联网和新媒体的交织时代，每一个人的言行和互动都如同在沙滩上留下脚印，被时间的海浪一一雕刻，留下不可磨灭的印记。无论我们在网络上留下了什么，言论、行动，还是与他人的交流，都会被无声地刻录在网络的大数据中。这些数据如同永恒的石碑，即使想抹去，也几乎不可能完全清除。只要技术足够先进，那些曾经在网络上的踪迹都可以被重新挖掘出来。

这并非因为网络是一个无法掌控的黑暗森林，而是因为原始数据，那些构建网络身份的基石，都储存在网络深处或者运营商的数据库中。在这个透明的数字世界里，隐私成了一种稀有的奢侈品。

进入新媒体时代，移动互联网像空气一样融入我们的生活、工作和学习的每一个角落。无论我们是否愿意，手机、微信、支付宝、电话和邮件，这些看似私人的领地，其实都在被数据无声地观察和记录。它们是我们与世界联结的桥梁，也是我们被数字世界追踪的痕迹。

离开手机，仿佛就离开了这个世界。手机的存在，移动互联网的普及，让我们与各种关系紧密相连。无论在哪里，无论在做什么，只要开机联网，我们就被数据包围，被记录所追踪。我们的一言一行，一颦一笑，都被无声地刻录在互联网的记忆中。

我们无法逃避这种无处不在的记录。除非选择与互联网彻底隔绝，否则每一个动作、每一个思考都会在网络上留下痕迹。这些痕迹构建了我们的数字身份，记录了我们的生活和行为。在这个新媒体的时代，我们既是记录者，也是被记录者。我们在互联网面前无处可藏，因为我们的每一刻都被"云"所记录。

第三节　新媒体发展的技术支撑

一、新媒体的内容相关技术

新媒体的内容相关技术可分为以下三个方面：采集新技术、制作新技术、分发新技术。

（一）内容采集新技术

1. 无人机

无人驾驶飞机简称无人机，是利用无线电遥控设备和自备的程序控制装置操纵的不载人飞行器。无人机成本低、易操纵、效率高，可以替代人力从事高危险性作业，用途广泛。[①]

无人机之所以被媒体广泛应用有五个方面原因：一是便携快捷；二是能突破现场的屏蔽和限制；三是成本不高；四是安全性高；五是为人们提供了不同的视角。基于这些优势，无人机航拍在未来会被更广泛应用。

"无人机+媒体"的组合带来了内容采集的变革。

第一，"无人机+媒体"带来了新闻数据采集的变革。无人机用航拍视界开拓了新闻采集思路，也开创了信息传输的新思路。这开阔了新闻采集和信息采集的视野，即所谓站在上帝的视角，客观立体地还原现场。无人机在新闻报道中更为便捷、直接，因其航拍往往能够获取人力难及的画面，更加满足了观众对新闻现场即视感的好奇心与渴望。

第二，"无人机+媒体"实现了无人机与新闻系统之间的对接与信息交换。无人机能在第一时间将采集到的数据传递到新闻媒体，独发原始内容。

第三，无人机与 VR 交互，可以身临其境，同步交互，实时实地体验新闻现

---

① 郑波,汤文仙. 全球无人机产业发展现状与趋势[J]. 军民两用技术与产品,2014 (8):8-11.

场，让数据可以实时反馈，线索实时记录，新闻实时生成，用户实时接收。这样，无人机与 VR 交互采集内容可以实时匹配到相应的内容库中，根据需要可以碎片化抽取应用，进行虚拟演播。

第四，无人机采集内容带来信息安全与隐私保护的问题，这要求必须构建无人机新闻信息采集规范，强化隐私保护。

早在 2009 年，中国民用航空局就颁布了《民用无人机空中交通管理办法》和《关于民用无人机管理有关问题的暂行规定》。此后，《轻小无人机运行规定（试行）》《民用无人驾驶航空器系统空中交通管理办法》等的发布，使得无人机适用范围和分类、驾驶员资格等方面的规定逐渐清晰。

2017 年 1 月，公安部发布的《中华人民共和国治安管理处罚法（修订公开征求意见稿）》，明确了对违规使用无人机行为的处罚。

客观地说，由于不少无人机是以塑料、玻璃纤维等非金属材料制造的，对其探测和预警的难度较大，而且无人机无须实名登记，难发现、难问责。因此，无论是公司还是个人，在利用无人机采集内容时，务必注意相关规定要求，取得有关部门的许可，不能越隐私安全的雷池，也不能到涉密的地方偷拍，更不能造成无人机扰航事件。

2. 网络爬虫

网络爬虫（web crawler）又被称为网页蜘蛛（web spider）、网络机器人（web robot），是一种按照一定的规则，自动抓取万维网资源的程序或者脚本。搜索引擎使用网络爬虫获取资源，再通过相应的索引技术组织整合这些信息，进而提供给用户进行查询[1]。

网络爬虫采集的是原始数据，是组成数据新闻的重要内容。其数据来源有以下四种：第三方的公司购买的数据；在免费的数据网站下载的数据（比如，国家统计局）；通过爬虫抓取的数据；人工收集的数据，比如，问卷调查等。

网络爬虫的一般流程如下：第一，向起始 url 发送请求，并获取响应；第二，对响应进行提取；第三，如果提取 url，则继续发送请求获取响应；第四，如果提取数据，则将数据进行保存。

① ［作者不详］. 详解网络爬虫与 Web 安全[J]. 计算机与网络,2012,38(12):38-39.

在利用网络爬虫采集数据时要学习参考 Robots 协议。协议全称是"网络爬虫排除标准"（Robots Exclusion Protocol），网站通过 Robots 协议告诉搜索引擎哪些页面可以抓取，哪些页面不能抓取。

3. 传感器

传感器（sensor）是一种检测装置，能感受到被测量的信息，并能将感受的信息按一定规律变换成电信号或其他所需形式的信息输出，以满足信息的传输、处理、存储、显示、记录和控制等要求①。

传感器新闻是指新闻媒体利用各种各样的传感系统生产或搜集数据，然后对数据进行分析、做可视化处理并形成报道或直接应用到新闻调查当中。

（二）内容制作的新技术

1. VR 与 AR

（1）VR

VR（Virtual Reality，虚拟现实）是一种可以创建和体验虚拟世界的计算机仿真系统，它利用计算机生成一种模拟环境，是一种多源信息融合的、交互式的三维动态视景和实体行为的系统仿真，使用户沉浸在该环境中。AR 技术主要包括模拟环境、感知、自然技能和传感设备等方面。

VR 技术可将用户带入任何一个场景，甚至可以让用户处在某个当事人的境地之中，不仅是在看故事、听故事，而是在经历与体验这个故事。在此技术下，虚拟增强现实后，媒体让受众从与文字、图片、影像互动转换到与虚拟世界互动。

目前，国内的广电网络行业中，最先开始借力 VR 技术进行内容制作的两家广电媒体分别是湖北广电和湖南广电。

（2）AR

AR（Augmented Reality，增强现实），技术的目标是在屏幕上把虚拟世界套在现实世界并进行互动。迪士尼曾推出了一款游戏（Disney Infinity），利用 AR

---

① 詹建徽,张代远. 传感器应用、挑战与发展[J]. 计算机技术与发展,2013,23(8):118-121.

技术使得玩家可以和动画中的人物进行互动，仿佛动画中的人物就在身边。

新媒体 AR 技术，超越了传统的媒体表现形式，将虚拟的信息应用到真实世界，使真实的环境和虚拟的物体实时地叠加在同一个画面或空间，使之能够同时存在。用户体验到的不是一个画面、一种声音或一段文字，而是有真有假、真假结合的一种体验。

总之，无论 VR 技术还是 AR 技术，新媒体利用它们都可以让新闻记者能更直接、真实地抓到新闻要素，同时，也让用户能更切身、自主地体验现实场景，实现了跨时空的新闻呈现。新闻在交互性、多感知性、沉浸性、自主性、构想性等方面有了新的探索。但是，到目前为止，VR 技术、AR 技术的成本，终端与技术标准问题，仍有待进一步解决。

2. 写稿机器人

（1）写稿机器人的应用

写稿机器人就是能根据算法在第一时间自动生成稿件，瞬时输出分析和研判，一分钟内将重要资讯和解读送达用户的人工智能软件。

截至目前，机器人只能撰写消息类稿件，涉及深入的或人物的题材还无法胜任，但其每天可完成百篇稿件，因而胜在批量生产。未来如会计报表、法律司法文书等大量格式化文书化的内容，可以放心交由机器人来操作。

（2）机器新闻未来发展趋势及对新闻生产的启示

在写稿方面，AI 能够按通稿的方式迅速把一个新闻发布会的稿件写完。在视频方面，AI 也能在媒资库里寻找素材，进行简单的配音、剪辑、包装、成片。但需要强调的一点是，如今哪怕全球最厉害的 AI，也做不到那种能够引发人真情实感的视频，只有人才能在事件发生以后，通过他自己的理解去展现视频内容，进而触发他人的情感。目前，大多数媒体并未省略人工审核这一关键步骤。因为机器并不具有独立判断新闻倾向和新闻价值的能力，其对材料的筛选更多源于对关键词句等数据的获取。

机器新闻是未来发展的必然趋势，其对目前新闻生产的启示可总结为如下六点：第一，人机一体的新闻报道体系将成为主流，AI 的核心在于助力；第二，数据获取与物联网紧密相连，数据将成为新闻生产的新思维；第三，要实现更加个性化、可视化的机器新闻；第四，要开辟更多报道领域，不单是简单的消息类稿件，争取实现更广泛的应用；第五，新闻传播行业的核心是内容生产与传播，因此要注重培养复合型人才；第六，具备基本的编码知识正被纳入新闻记者核心技能培养体系①。

3. 大数据

大数据是指以多元形式，自许多来源搜集而来的庞大数据组，往往具有实时性。其类型复杂多样，内容庞大，不仅包括人们在互联网上发布的信息，也包含了全世界的工业、电器、化学相关的海量的数据信息②。

4. HTML5 技术

HTML5，简称 H5，是万维网的核心语言，是对超文本标记语言 HTML 的第五次重大修改，具有语义特性、本地存储特性、设备兼容特性、连接特性、网页多媒体特性、三维图形及特效特性、性能与集成特性等诸多特性。

目前，HTML5 技术在新媒体内容生产领域应用广泛。

（三）内容分发的新技术

1. 推荐引擎

推荐引擎也是一种信息网络，它综合利用用户的行为、属性，对象的属性、内容、分类，以及用户之间的社交关系等，挖掘用户的喜好和需求，主动向用户推荐其感兴趣或者需要的内容。

推荐引擎不是被动查找，而是主动推送；不是独立媒体，而是媒体网络；不是检索机制，而是主动学习。推荐引擎利用基于内容、基于用户行为、基于社交关系网络等多种方法，为用户推荐其喜欢的商品或内容。

基于内容的推荐是分析用户正在浏览的内容特点，选择与当前内容有相似特点的对象推荐给用户。同时也分析用户浏览过的内容的特点，从而获取其偏好，然后将与用户偏好类似的对象推荐给用户。

基于用户行为的推荐则是利用群体智慧算法，分析用户的群体行为，综合分

①　洪杰文,兰雪,李程. 中国新闻机器人现象分析:数据与技术困境下的填字游戏[J]. 中国媒体发展研究报告,2017(00):205-223+243.

②　杨允. 大数据技术对新闻传播的影响[J]. 科技传播,2019,11(5):96-97.

析用户与用户之间的相似度、用户对小众商品的个性化需求，从而同时提高推荐的精准性、多样性与新颖性。

基于社交关系网络的推荐是通过分析用户所在的社交关系网络，找到其最能够影响到的用户，或者最能够影响到该用户的用户，再综合每位用户的个性化偏好进行推荐。当然，也存在算法同质化推荐令用户头痛心烦的问题。

2012 年上线的今日头条是国内领先的新闻客户端。它本质上就是一个强大的搜索引擎，完全是工程师逻辑，这些都表明机器学习算法日渐成熟。

2. 聊天机器人

聊天机器人（Chatterbot）是基于人工智能技术，用来模拟人类对话或聊天的程序。当一个问题被抛给聊天机器人时，它能够通过算法，从数据库中找到最贴切的答案，并及时做出回复。

Eliza 和 Parry 是早期非常著名的聊天机器人。

聊天机器人的成功之处在于，研发者将大量网络流行的俏皮语言加入词库，当用户发送的词组和句子被词库识别后，程序将通过算法把预先设定好的回答回复给用户。而词库的丰富程度、回复的速度，是一个聊天机器人能不能得到大众喜欢的重要因素，因为千篇一律的回答不能得到大众青睐，中规中矩的话语也不会引起人们共鸣。此外，只要程序启动，聊天机器人 24 小时在线随叫随到，堪称贴心之至。

目前，随着技术的发展，聊天机器人技术也开始被应用到新闻信息的分发当中。比如，Facebook Messenger 推出聊天机器人（Bot Platform），无论是查看天气、预订餐馆，还是接收数据，用户都可以通过与聊天机器人对话完成。

二、新媒体的渠道融合技术

随着互联网的迅猛发展，媒体融合进入了一个新的阶段，传播渠道的内涵和外延都发生了变化，其功能和作用超出了传送内容的范畴和信息通道的概念，导致了一种"大媒体"（Mega Media）系统渠道的形成，即一个技术上复合、内容上综合的系统。

当今渠道融合的关键即网络、终端、接入平台技术的发展。

新媒体渠道融合的技术包括三个方面：显示终端技术、接入平台技术、网络技术。

(一) 显示终端技术

1. 移动终端

(1) 移动终端的定义

移动终端，即移动通信终端，是指可以在移动中使用的计算机设备，大部分情况下是指具有多种应用功能的智能手机以及平板电脑。

随着集成电路技术的飞速发展，移动终端已经拥有了强大的处理能力，移动终端正在从简单的通话工具变为综合信息处理平台。这也给移动终端开辟了更加宽广的发展空间。

自 2007 年开始，智能化引发了移动终端的"基因突变"，从根本上改变了终端作为移动网络末梢的传统定位。移动智能终端几乎在一瞬间转变为互联网业务的关键入口和主要创新平台，新型媒体、电子商务和信息服务平台，互联网资源、移动网络资源与环境交互资源的枢纽，其操作系统和处理器芯片甚至成为当今整个 ICT 产业的战略制高点。

移动终端具有便携性、无线性、多样性、连通性、移动性和简单性等特点。

(2) 新闻报道中移动终端技术的新应用

一是全景相机。全景相机是运动相机的高级版，一般由运动相机组合而成，可以 360° 无死角记录现场的每个细节，并实时在新媒体平台进行推送和传播。用户只要下载相应的应用程序，便可转动手机或拖动手机屏幕选择任意视角观看现场最真实的情况。

二是 VR 眼镜。VR 眼镜，也称 VR 头盔，是虚拟现实头戴式显示设备。它个头比一般的眼镜大了不少。一个眼镜集成了数十个传感器，包括陀螺仪、加速计、激光位置传感器等，头部的轻微移动都会被精准追踪。用它录制的视频，能给人带来身临其境的沉浸感。

近百年来，新闻报道的模式就是文字、照片、声音、现场视频，VR 眼镜的出现颠覆了传统模式。

三是智能眼镜。智能眼镜只须说话、眨眼就能拍照、录制视频，简单方便。记者使用智能眼镜，只要连接 Wi-Fi，就可以将会场情况实时传送给后方编辑部，加快报道流程。同时，还能大大消除采访者面对笨重相机时的紧张感。

（3）移动终端技术的发展趋势

在硬件体系上，移动终端将成为具备通信功能的微型计算机设备；在软件体系上，须兼容 Windows Mobile、Android、iOS；在通信能力上，将具备灵活的接入方式和高带宽通信性能；在功能使用上，将更加注重人性化、个性化和多功能化；在技术上，将更多与 VR 技术、人工智能技术融合。

2. 家庭显示终端

家庭显示终端主要包括电视机、电脑、手机、录像机、游戏机等。其中，智能电视将逐渐发展成为一个开放的业务承载平台，成为用户家庭智能娱乐终端，因其能够不断给用户带来有别于使用有线数字电视接收机（机顶盒）的、丰富的、个性化体验。

（二）接入平台技术

1. IPTV

IPTV 是利用宽带有线电视网的基础设施，以家用电视机作为主要终端电器，通过互联网络协议来提供包括电视节目在内的多种数字媒体服务。用户可以得到高质量的数字媒体服务，有极大的自由度选择多样的视频节目。更重要的是，它可以实现媒体提供者和媒体消费者的实质性互动，也为网络发展商和节目提供商提供了广阔的新兴市场。

IPTV 还可以非常容易地将电视服务和互联网浏览、电子邮件，以及多种在线信息咨询、娱乐、教育及商务功能结合在一起，在未来的竞争中处于优势地位，市场用户群是家庭用户。

2. OTT

OTT 是 "Over The Top" 的缩写，是指互联网公司越过运营商（电信、移动、联通），发展基于开放互联网的视频、社交、游戏、数据服务等增值业务。

我们平常所说的 OT 其实是 OTT TV，又称 OTT 大屏或互联网电视，就是互联网公司以互联网电视或者 "电视+盒子" 为平台，在公共互联网上为电视前的用户提供视频、游戏、购物等服务。

人们已经离不开网络，习惯手机上的 OTT 行为。微信、抖音等的使用，都可以称为 OTT 行为。

OTT 有以下几方面的优势：第一，有一块超强视频和音效效果的大屏，既有黑科技支撑，又更新迅速，用户可以在家中体验到最新的系统服务，比如看最火的网剧、电影及网络综艺节目等；第二，拥有海量内容资源，全网联动；第三，重视用户体验，配置多样的用户使用场景，用户既可以利用传统遥控器开机、选内容，也可以语音开机、语音搜索，遇到心仪的商品，还可以直接下单买同款，享受开放、便捷的观赏与购物体验。

OTT 不足之处主要是暂时不能自由访问互联网，暂时不开放诸如世界杯直播类的电视节目，而且会依据与其合作的牌照商的实力来获取内容。

（三）网络技术

1. 移动互联网

移动互联网是一种通过智能移动终端，采用移动无线通信方式获取业务和服务的新兴业务，包含终端、软件和应用三个层面。

伴随着移动终端价格的下降及 Wi-Fi 的普及，移动网民呈现爆发式增长趋势，手机保持着第一大上网终端的地位，这都标志着我国移动互联网发展进入全民时代。

2. 卫星宽带通信系统

卫星宽带通信系统，简单说就是卫星通信与互联网相结合的产物，也叫作卫星宽带或卫星上网。基于卫星的通信为许多新应用和新业务提供了机会。

由于互联网的驱动，卫星通信也转向满足数据通信的全面需求，正演变为真正的多媒体终端，可提供基本话音、数据和图像的传输。

3. 电力线载波通信

电力线载波通信是以输电线路为载波信号的传输媒介的电力系统通信。由于输电线路具备十分牢固的支撑结构，并架设三条以上的导体，所以输电线输送工频电流的同时，用之传送载波信号，既经济又十分可靠。

4. 有线电视

在中国，有线电视（CATV）宽带接入技术已经成熟并进入市场，电缆调制解调器技术就是基于 CATV（HFC）网的网络接入技术。

三、新媒体的平台融合技术

在媒体融合的语境里，平台主要是指媒体向用户分发信息，或与用户进行信息交换、分享的用户平台，主要包括用户入口和数据库的建设两个方面。

（一）建立用户入口的相关技术

要建立起自身的用户入口，首先必须洞察哪些需求能够使用户和我们建立联系，然后再运用技术去满足用户的这些需求，完成对用户入口的建设。

用户的来源主要有两大类：一类是传统电视观众；另一类是互联网用户，需要运用不同的技术来实现用户转化和聚合。对于传统电视观众，可以采用摇一摇（多屏互动形式，实时内容扩展、观众参与、互动社交、及时消费、收视率调查等应用），扫一扫（扫描电视屏幕上的二维码，就可以跳转到电视节目相关的互动界面）等技术来完成其转化；而对于互联网用户，则可以通过一系列的视频制作与分发技术来实现。

（二）建立数据库的相关技术

随着媒体融合的推进，未来的媒体平台要发展，就必须通过数据库和数据分析软件来对信息进行收集、存储并深度挖掘和分析，经过整合分析，将有价值的信息数据化，形成不同的数据库来服务不同的客户。

数据库将会成为未来媒体平台的主要资产，其主要内容包含三个方面：一是内容数据库——媒体积累的报道资源和社会各行业的数据；二是用户数据库——媒体积累的广告客户及其产品信息；三是产品数据库——媒体数据库的核心资源，用于深度挖掘用户需求。

1. 内容数据库的建设

内容数据库建设的必要性在于通过对内容进行数据化存储，使媒体工作者可以更加方便地搜索和提取已有的内容，比如，利用人脸识别技术和标签识别技术，确保信息精准分发。

2. 用户数据库的建设

所谓的"用户数据库"指的是基于用户行为大数据的数据库，应该包括媒体集团所拥有的每一个用户具体的行为大数据。

用户数据库建设：首先，从媒体的传播效果来说，用户数据库可以让信息有效到达传播对象；其次，从信息精准分发的角度来说，只有掌握了大量的用户数据，才能形成用户画像，实现信息的精准分发。

3. 产品数据库

产品数据库主要指商品信息和服务信息的数据库，它是平台探索和发展赢利模式的基础。要构建商品数据库，首先要运用商品标签识别技术将入库的商品进行有效分类，然后再利用相关的信息匹配技术将商品信息和用户数据库中的用户需求信息进行匹配，做到产品的精准推送。

四、新媒体的营销融合技术

新媒体经营主要包括：基于内容、用户、产品数据库的精准营销；利用大数据技术，与工业4.0所需要的生产模式相匹配，展开数据库电商业务。

（一）精准营销的一般含义

精准营销的一般含义是在精准定位的基础上，依托现代信息技术手段建立个性化的顾客沟通服务体系，将营销信息推送到比较准确的受众群体中，从而既节省营销成本，又能最大化营销效果。精准的含义是精确、精密、可衡量的。

精准营销的深层含义包括以下几方面：第一，精准营销就是通过可量化的精确的市场定位技术突破传统营销定位只能定性的局限；第二，精准营销借助先进的数据库技术、网络通信技术与顾客进行长期个性化沟通，使营销达到可度量、可调控等精准要求，摆脱了传统广告沟通的高成本束缚，使企业低成本快速增长成为可能；第三，精准营销的系统手段保持了企业和客户的密切互动沟通，从而不断满足客户个性需求，建立企业稳定的忠实顾客群，实现客户链式反应增值，从而满足企业长期、稳定、高速发展的需求；第四，精准营销借助现代高效广分散物流，使企业摆脱繁杂的中间环节及对传统营销模块式营销组织机构的依赖，实现了个性关怀，极大降低了营销成本；第五，精准营销与现今大数据营销思路相辅相成。

（二）数据库的电商平台技术

目前，随着网络运营成本和版权购买成本的增加，视频网站的广告收入难以平衡经营支出。未来的媒体平台将从以广告为主的相对单线式的盈利模式，转向以数据库电商为主的盈利模式。

近年来，区块链技术开发在多个不同领域引起了广泛关注，电商行业成为当前区块链热点研究的领域之一。在网购过程中，我们正在将越来越多的个人数据和支付数据交给电商企业，存储在中心化的数据库中。在黑客们垂涎于这些中心化数据库中可变现的数据信息时，作为消费者的我们，却对这些私人数据的安全无能为力。因此，区块链技术在电商行业的应用可以说是势在必行。

区块链技术在电商行业应用的优势有三点：去中心化、支付方式更便捷安全、更能保障消费者权益。

1. 去中心化

在区块链时代，小商家可以透过区块链证明其自身信用，通过溯源和资产上链，小商家不再需要依赖电商平台上的评价来证明自己，商家可借此降低信用成本。对消费者而言，能够更透明且快速地了解商家的信用如何，买到最真实可靠的产品，因为产品信息从产地到物流一经上链，便无法篡改信息，消费者和商家在区块链电商平台上的每一步，都会被记载在区块链上，可供公开查询。未来，我们可能不再需要在网购平台上买东西，商家和消费者可直接联系，进行交易。

2. 支付方式更便捷安全

相较于现行电商平台普遍采用的信用卡或移动支付，加密数字货币是一种更安全的支付工具，因为在交易过程中，使用者没有暴露卡号或个人信息的风险，他人也无法从公钥地址和交易值辨识出个人信息。

3. 更能保障消费者权益

据统计，目前全球有1%~3%的电商交易会产生交易纠纷，而区块链分布式记账的特性，可有效维护消费者权益，因为每笔交易记录都被记载在区块链上，无法被窜改，当消费者发起维权时，可以掌握更有效的证据，维护自己的消费权益。

五、新媒体的管理融合技术

新媒体管理融合，指的是建立适应新的传播环境的舆论导向管理的体制和机制，实现网上网下统一传播尺度和口径及舆论导向管控一体化。

在内容管理方面，新媒体管理融合技术的应用主要涉及两个方面：一个是数据库内容的监管方面，包括对聚合内容进行快速审核、识别和保护原创内容知识产权的相关技术；另一个是整个数据库的安全方面，即保护数据库的安全技术、防范用户数据泄露的相关技术。

（一）数据库的内容监管技术

在内容监管方面，新媒体管理融合技术的应用主要涉及两个方面：一方面，内容导向的监管，即通过技术手段对数据库中的内容进行监管，及时发现和清理导向不正确的内容；另一方面，内容的版权保护，即通过技术手段对数据库中的版权内容进行保护，有效维护自身权益。

1. 内容导向监管技术

（1）数据库比对技术

数据库比对具体来讲，就是将数据库中的文字、图像、视频等内容数据进行统一编码，然后对数据库中各种文字、图像、视频内容数据进行分类，以此实现对数据库内容的监控和管理。

（2）延迟直播技术

延迟直播又叫延时直播，其具体的技术实现方式是根据直播级别的高低，对直播流的延时进行配置，对违规内容或者视频质量较差的信源，视情节轻重，进行信源切断、切备播流或者切垫片的操作，防止违规内容扩散。

2. 内容版权保护技术

（1）数字水印技术

数字水印技术指的是利用数字作品中普遍存在的冗余数据与随机性，将版权信息嵌入数字作品本身，从而起到版权保护、真伪鉴别和产品标识等作用①。

（2）内容跟踪技术

例如，凡闻科技的新闻资讯大数据云服务平台，能够实现全网内容数据的采集、分析、标签、分类、存储、聚合、推送、发布、统计。通过对全网数据的抓取和分析，能够轻松掌握媒体发布信息的转载情况，并以传播路径图的形式直观地展现出来。

（二）数据库的安全技术

数据库的安全一般包含两层含义：一是系统安全，即运行数据库的服务器的安全，其所受到的威胁一般指不法分子利用网络或系统漏洞侵入电脑使其系统无法正常启动；二是系统信息安全，即数据库中数据的安全，其所受到的威胁一般指对数据的篡改、删除或盗取数据库中的资料等非法操作。

1. 系统安全相关技术

（1）防火墙技术

防火墙技术在电脑的使用中十分常见，其实就是运用相关的防火墙软件来实现对数据库的保护。比如，卡巴斯基或360电脑管家，其主要作用是完成软件的自动升级、修复漏洞、垃圾清理或预防病毒入侵等。

（2）数据库审计相关

通过审计技术，可以把用户对数据库的所有操作自动记录下来放入审计日志中，这样数据库系统可以利用审计跟踪的信息，重现导致数据库现有状况的一系列事件，找出非法存取数据的人、时间和内容等，以便追查有关责任。同时，审计技术也有助于发现系统安全方面的弱点和漏洞。

2. 系统信息安全相关技术

（1）反爬虫技术

反爬虫技术指的是对阻止别人通过爬虫技术批量获取自己网站信息的技术的总称，其中，比较实用和常见的有：通过反爬虫，即通过数据库后台对访问进行统计，对 headers（报文头）中的 user-agent（用户代理）进行检测，当发现单个

---

① 赵翔,郝林. 数字水印综述[J]. 计算机工程与设计,2006(11):1946-1950.

user-agent 访问超过阈值，便会自动对其予以封锁；基于用户访问行为反爬虫，即通过检测用户行为，当同一 IP 短时间内多次访问同一页面，或者同一账户短时间内多次进行相同操作时，便会自动进行封锁。

（2）数据库加密技术

数据库加密技术是指利用密码学的相关技术将一段明文信息经过加密密钥和加密函数进行替换或移位，变成不易被其他人读取的、没有任何意义的密文，信息接收方则可以通过解密密钥和解密函数对此密文进行还原，从而实现信息的隐蔽传输。

（三）未来媒体的到来

随着新媒体技术的突飞猛进，新媒体的未来也将会日新月异。在此，对未来媒体的发展做个粗浅的推测。

第一，未来媒体将拥有一个无所不在的无形屏，摆脱终端平台的限制，媒体的疆界将不断拓展，万物皆媒可能不是一句空谈。

第二，未来媒体将会给用户更加全息的身临其境之体验，浸入式新闻报道会增加，用户从目击者变为参与者。

第三，未来媒体将会给用户提供全能的、聪慧的服务，会加强同步交互体验，增加私人订制的内容、产品及配套服务。

第四，未来媒体将展开一场具有突破性的场景革命，用技术与智慧高维拓展现实场景。

第四节 新媒体技术在教学改革中的应用

在这个信息技术飞速发展的时代，以计算机技术和信息网络技术为支撑的新教学媒体已全面融入高校的课堂教学活动中，成为高校教学改革的重要推力。它对整个教学系统中的教学结构、教学模式及教学手段等都产生了重大影响，对提高教学质量、培养创新型人才产生了积极的效应，但同时在教学实践中也出现了一些问题。

教学媒体是为实现教育教学的目的，在教学过程中介于教师和学生之间的、携带并传递教学信息、影响师生信息交流的物质工具。传统的教学媒体包括黑板、挂图、模型等，尔后出现了幻灯机、电视、广播和录音等技术教学媒体，到了现在，以计算机技术、多媒体技术和网络虚拟技术为基础的信息教学媒体种类繁多，包括已经在课堂教学中广泛使用的多媒体计算机教学系统，还有最近非常流行的微课以及在各高校信息化建设中逐步完善的网络教学平台，都是新媒体技术在现代教学中的应用。

一、新媒体技术在高校教学中的应用方式

（一）多媒体计算机教学系统的应用

多媒体计算机教学系统是以多媒体计算机系统为基础，在特定的多媒体环境中，通过设计和使用多媒体教学软件来实现的。这种多媒体环境包括课堂演示型的多媒体教室、单机多媒体教室、视听型多媒体教室等。在多媒体教室里，教师可以运用文字、图像、音频、视频等现代教学媒体来上课，用更生动有趣的形式进行教学。这是对传统的板书教学形式的重大革新，更有利于学生对于知识和信息的接受。例如，在外语教学中，传统的教学模式注重的是通过课本习得语言知识，这种单一、枯燥的教学形式不仅不利于语言实践能力的培养，还很容易造成学生的厌倦情绪。而多媒体教学能利用不同的教学媒体将教学形式多样化，可以通过图像、音效将授课变得生动，引起学生的兴趣，可以通过音频、视频为学生创造一个更为真实的语言环境，有利于学生语言实践能力的培养，还可以通过多媒体教学对所学的语言和文化拥有更直观的感受和了解，这是多媒体教学系统对传统教学模式最有益的补充。

（二）微课教学的应用

近年来，作为一种新型的教学模式，微课逐渐风靡大学课堂。微课最早源于美国的"一分钟课堂"模式，现在我们所说的微课，主要是指由视频作为载体，围绕某个教学知识点或教学环节而进行的相对简短而完整的教学方式。它可以通过网络或移动设备等方式实现学习的灵活性，也可融入一般的课堂教学活动中以

提升教学效果。与传统的教学方式相比，微课具有内容更加短小精悍、重点更为突出、应用形式也更灵活自由等特点，因此，开始在高校迅速发展起来。在课堂上，微课可以重点对某个知识点或概念进行简明扼要的解释，也可以对所学内容进行形式更多样化的补充和扩展。而且，以简短视频为基础的这种教学模式比传统的讲授模式更能激发学生的学习兴趣，能使课堂教学变得更为高效。在课外，微课能培养学生自主学习的兴趣和能力，其碎片化和移动化的教学特点也能使学习变得更加灵活和自由。正是凭借这些传统教学模式所不具备的优点，微课成为现代教学中备受关注的一种教学模式。

（三）网络教学平台的应用

所谓网络教学平台是指具有组织、跟踪、评估、发送、呈现、管理学习内容与学习活动，促进学习者之间交互等一系列功能的计算机网络系统。一个完整的网络教学平台通常包含网上课程开发系统、网上教学支持系统和网上教学管理系统三个子系统。借助这些系统提供的模式和工具，教师可以将原有教案转换为网上课程，提供各种课程资源，还能进行在线答疑、讨论、作业考试等互动交流。相比于传统课堂教学，网络教学平台使得教学可以突破时空的限制，通过在平台上进行教学资源的拓展和补充，为学生提供更加全面的学习内容，实现资源的传播与共享。同时，网络教学平台的应用还能增强学生自主学习的能力，强调学习的主动性和个性化，更有利于提高学习效率，而教师也可以通过教学管理系统对学生的学习情况提供及时的指导和监督。

二、新媒体技术对高校教学改革的影响

这些新媒体技术正在悄然改变着传统的教学思维和教学模式，使得教与学成为一个更富有趣味、更灵活高效的过程，为高校的教学改革提供了必不可少的技术支持。

（一）增强教学的灵活性和互动性

传统的教育模式是以教师为主体的讲授模式，随着现代教育理念的发展和普及，以学生为主体的教学思维逐渐被接受和提倡。新媒体技术的出现，为这一教

学模式的发展提供了必要的技术基础。它打破了时空的局限性，使得教学变得更加灵活。学生可以在课前和课后通过这些新媒体技术获得所需要的教学资源，自由地选择自己感兴趣的内容进行知识的补充。学习不再局限于课堂之内，课外时间，他们仍随时可根据学习需要和学习计划进行自主学习。这种灵活的学习方式不仅有利于知识的巩固和拓展，更培养了学生的自主学习能力。而教师也不再需要费尽心思思考如何把尽可能多的知识和学习资料挤进短短的 45 分钟内，网络平台为教学资源的共享和学生学习情况的管理提供了可能，如此一来，课堂讲授的重点将更为明确，也更容易为学生所接受。

通过新媒体尤其是网络系统，教师与学生的互动也比以前更容易实现。传统教学模式中师生互动主要存在于课堂上，当教学打破了时空局限性后，师生的互动形式也变得更为多样化。除了课堂上的讨论交流，课下学生仍可通过网络进行在线提问和讨论。教师的主要作用不再是直接传授知识，而是成为学生学习路上的指路人，甚至是共同进行学术探讨和研究的伙伴。网络的开放性也使得师生的互动并不只是一对一，在遇到相同的问题时学生也可以通过查阅别人之前曾问过的问题获得需要的答案，这使得这些互动交流更高效。

（二）整体教学和片段式教学相统一

传统的课堂教学能让学生对课程知识有一个较为完整的认识，了解本门课程的框架和重点，教师也会有针对性地进行知识的传授。例如，在外语基础课程的教学中，通常会根据教学目的对课程中重要的语法、学生理解的难点以及新的词组、句型进行重点讲解和练习，对次要知识点和文化方面的介绍会相对简单，包括对听说能力的练习和对相关主题的深入讨论，都会因时间和班级人数的限制而无法全面地顾及。在这种情况下，新媒体在教学中的应用为这些问题的解决提供了可能性。教师可以将每个知识点的相关内容以文字或视频的形式放到网络平台上，以便学生根据需要进行查阅和学习，同时，可以将听力材料挂到网上由学生在课后自己进行听力练习，甚至还可以要求学生以录音或者书面的形式完成作业，上传到网络平台再由教师进行评改。这种将课程内容分解为零碎知识点的片段式教学不仅节约了宝贵的课堂时间，更重要的是使学生有机会深入了解自己所不理解或感兴趣的知识内容，也能充分兼顾到各个方面的学习需求，同时，还能培养学生自主学习的兴趣和能力。

三、新媒体技术在高校教学应用中存在的不足

尽管新媒体技术能为高校教学改革带来许多好处，但由于各种原因，它在教学中的重要作用尚未真正体现出来。

（一）技术和管理上的不足

随着科技和网络信息的发展，国内高校已越来越重视网络教学平台的建立，但许多平台的运行和管理仍不完善，有些应用还缺乏相应的技术支持，在实际的教学实践中仍存在很多问题，也缺乏对教师如何在教学中运用这些新媒体技术的相应培训。一些教师对此了解甚少，更无从谈起实行网上的教学操作。甚至是现已广泛普及的多媒体教室，由于使用面广、使用次数频繁，设备的维护和更新也常常出现问题。因此，从学校层面上对技术、设备、师资进行有效的管理，是新媒体技术能在教学中发挥作用的前提条件。

（二）传统的教学观念尚未完全转变

对于教师而言，转变传统的教学观念、进行有益的尝试与革新，是他们在教学改革中的核心任务。高等教育的目的是培养出高素质的人才，学生才是教育活动的主体，传统的知识灌输模式并不利于真正的人才培养，而新媒体技术能带来新的学习模式和交流形式，有利于学生知识的吸收和能力的培养。然而，一些教师仍受传统的教学思维和教学习惯的束缚，不太愿意甚至懒得尝试新的教学方式，几年如一日地重复着以前的教学模式，这种教学观念亟须改变。

（三）学生的自我管理能力不足

大学生对新事物具有很强的接受能力，他们熟练掌握着各种网络新媒体，习惯通过新媒体移动终端搜索信息和进行交流。因此，新媒体融入教学中也许会激发他们的学习兴趣，但这并不意味着它会比传统教学更容易、效果更好。新媒体有利于培养大学生自主学习的能力，但自主学习依赖的是学生本身的自制力。如果对于自身的控制力不够，没有学习和钻研的兴趣，再多的学习资源也是浪费。网络新媒体对学生的学习生活来说是把双刃剑，既能为他们提供更多的信息和资

源，也可能分散他们的精力，带来更多干扰。因此，除了培养大学生良好的自制力和学习主动性外，来自教师和网络系统的监督机制也是必不可少的。

信息技术的发展使得新媒体在高校教学中的应用成为必然趋势，它为传统教学带来了新的传播模式和交流方式，是推动高校教学改革的重要条件。但它并不能取代传统的课堂教学，更无法替代教师的作用，而是作为新的教学媒体为现代教育带来更多元化、更灵活的教学方式。目前，新媒体技术在高校教学中的应用仍存在一些问题，需要从技术上、管理上和思想观念上努力排除阻碍新教学媒体发展的因素，真正地让科技服务于教育。

四、新媒体技术在高校教学应用中的改革策略

一是加强新媒体技术的培训与指导。针对教师对新媒体技术掌握不够熟练的问题，高校可以组织定期的培训和指导课程，帮助教师熟悉新媒体技术的使用方法和技巧，提高他们的技术应用能力。同时，可以邀请新媒体技术领域的专家学者进行讲座或开办工作坊，分享最新的技术动态和教学应用案例，激发教师的创新思维和应用能力。

二是创新教学方式与手段。传统的教学方式和手段已经不能满足新媒体时代的需求，高校教师应该积极探索新的教学方式和手段，如混合式教学、翻转课堂、在线课程等，利用新媒体技术的优势，创新教学方法和手段，提高学生的学习兴趣和学习效果。同时，教师应该注重与学生的互动和交流，利用新媒体技术为学生提供更加个性化和订制化的学习体验。

三是建立完善的新媒体教学管理与评价机制。新媒体技术的应用需要建立完善的教学管理与评价机制，以确保其在教学中的有效应用。高校可以制定相关的新媒体教学管理制度和规范，明确新媒体技术的使用要求和管理措施，同时，建立新媒体教学的评价机制，对新媒体技术的应用效果进行科学评估和反馈，促进教师不断改进和完善新媒体技术的应用。

以上三点只是部分解决方法，实际应用中可能还需要考虑更多的因素。总的来说，新媒体技术在高校教学应用中的不足需要从多个方面入手，包括教师培训、教学方式创新、教学管理与评价机制的建立等，以全面提高新媒体技术在高校教学中的效果和应用水平。

第二章
新媒体传播及其受众分析

新媒体传播以其独特的理论体系和传播模式，在信息传播领域掀起了革命性的浪潮。本章将围绕新媒体传播的理论依据、主体构成和模式探讨，深入分析新媒体传播的受众特征和行为，帮助读者更好地理解新媒体传播的本质和规律，为新媒体实践提供理论支持。

第一节　新媒体传播的理论依据

一、"把关人"理论

1947年，美国社会心理学家库尔特·勒温发表了关于如何决定家庭食物购买的《群体生活的渠道》，最早提出了"把关人"概念，此后，传播学者怀特在1950年将其引入新闻研究领域。

社会上存在大量的新闻素材，大众传媒的新闻报道不是也不可能"有闻必录"，而是一个取舍的过程。在这个过程中，媒介组织形成了一道"关口"，通过它传达到受众那里的新闻只是众多新闻素材中的少数。对新闻素材进行取舍、筛选、过滤，决定报道什么事，采访什么人，传播什么消息，何谓重大新闻，版面和节目如何编排等就是新闻把关。新闻筛选的"把关"模式：S→N1-N2=N3→M（S是信息源；N1是新闻；N2是舍弃的新闻；N3是选择的新闻；M是受众）。

影响"把关"的因素，从意识形态开始，到政府，再到经济团体，然后是传播价值，往后是媒体，最后到媒介从业人员，可以看出，"把关"是一个从宏观层面到微观层面的过程。

在网络新媒体环境下，它的无中心性、开放性、匿名性、散播传递方式、价值多元化等都在摧毁传统意义上的"把关人"。从全球范围来看，人们可以自行选择内容的自由度大大增加，这意味着"把关"的减少，"把关人"理论被削减；但是，正因为网络所提供的内容大大增加，这就意味着需要对此有更多的筛选，即"把关"。当组织行为减少时，个体的力量会凸显出来。因此，我们发现在新媒体背景下宏观层面的"把关"相对减弱，而微观层面的"把关"却相对增强，即对受众个体的要求更高了。无论是信息的发布还是信息的接收，受众都需要做好自我"把关"，才能对网络新媒体进行更好的利用。

二、"议程设置"理论

议程设置的基本思想来自美国的政论家李普曼。无论是媒介现实还是人们头脑中的主观现实，都有别于客观现实，即非现实的原生态。1968 年，麦库姆斯和唐纳德·肖以美国总统大选为题，进行了早期的量化研究，并于 1972 年在民意季刊上发表了《大众传媒的议程设置功能》一文。

大众媒介往往不能决定人们对某一事件或意见的具体看法，但是可以通过提供信息和安排相关的议题来有效地左右人们关注某些事件和意见；大众传媒对事物和意见的强调程度与受众的重视程度成正比；媒介议程与公众议程对问题重要性的认识不是简单的吻合，而是与其接触传媒的多少有关，常接触大众传媒的人的个人议程和大众媒介的议程具有更多的一致性。"议程设置"理论暗示了这样一种媒介观，即传播媒介是从事"环境再构成作业"的机构。

网络传播时代来临后，麦库姆斯和唐纳德·肖在 1999 年提出了新假设——"议程融合论"。在其论文《个人、社群和议程融合：社会分歧论》一文中，他们首次提出了新的议程融合的模式。在 2000 年传播效果研究国际学术研讨会上，肖和他的两位助手又提交了《公共议程的衰落：个人怎样与媒介融合以形成新的社群》，对"议程融合论"做了进一步的阐释，这标志着议程设置功能研究从媒体层面转向密切相关的社群和个体层面。

网络环境下，议程设置通常是这样一个过程：信息源（事件）刺激个体，个体直接做出判断，并通过新媒介完成个体议程设置；上传网络分享，进入社群，通过反复讨论、评判、博弈、修正，议程被赋予更新的意义和价值，形成社群议程设置；议程也可能进入另一个社群，形成社群间共鸣，形成社群间的议程设置；众多媒介介入，从单一媒介的议程设置，扩展到多媒介的议程设置。

网络中的大众媒介议程包括三个部分：个体议程、社群议程和媒体议程。它的特点是：①新媒介是重要的平台；②个人议程在很多情况下成为议程设置的激发点和归宿点；③社群议程发挥了核心作用；④促成个体议程设置在社会层面得到解决。网络提供给人们议程设置的权利和权力，消解了媒介在议程设置中的权威地位。

网络新媒体传播让"议程设置"理论发生了变化，这种变化除了上面所说的正面影响外，也存在一些负面作用。①有价值议题的流失：信息的泛滥带来了阅读的困难，那些有意义的信息可能得不到受众的注意，也没有进一步成为议题的可能，不少本应成为议题的信息湮没在大量的垃圾信息当中。②议题的失真：在网络中发布信息具有很大的自由度和随意性，缺乏必要的过滤、质量控制与管理机制。③网络舆论暴力的产生及舆论引导困难。

三、"沉默的螺旋"理论

1974 年，德国学者伊丽莎白·诺尔-诺依曼对舆论与大众传播的关系进行了研究，提出了"沉默的螺旋"理论。这一理论由以下三个命题构成。

第一，个人意见的表明是一个社会心理过程。①社会使背离社会的个人产生孤独感。②个人经常恐惧孤独。③对孤独的恐惧使得个人不断地估计社会接受的观点。④估计的结果影响了个人在公开场合的行为，特别是公开表达自己的观点还是隐藏起自己的观点。⑤这个假定与上述四个假定均有联系。综合起来考虑，上述四个假定形成、巩固和改变了公众观念。

第二，意见的表明和沉默的扩散是一个螺旋式的社会传播过程。一方的沉默造成另一方意见的增势，使优势意见显得更加强大，这种强大反过来又迫使更多持不同意见者转向沉默。如此循环，便形成了一个"一方越来越大声疾呼，而另一方越来越沉默下去的螺旋式过程"。

第三，大众传播通过营造"意见气候"来影响和制约舆论。舆论的形成不是社会公众"理性讨论"的结果，而是"意见气候"压力作用于人们惧怕孤立的心理，强制人们对"优势意见"采取趋同、从众行动（从心理学的角度来说，从众心理的产生主要是由于认知失调和对孤独的惧怕。群体的压力会让人产生失调，而从众是减少失调的一种有效方法）这一非合理过程的产物。

但在网络新媒体传播的背景之下，"沉默的螺旋"的作用却被削弱了，原因在于：首先，在网络中，多数群体并不稳定，因此，如果人们在某个群体中感到失调，可以通过转换群体的方式而不是从众的方式来平衡失调；其次，人们的交往空间随着网络的延伸而无限拓展，人们可以通过在网络中积极地寻找同盟者来消解孤独感，避免了在有限的生活圈子里不断地陷入孤立的尴尬局面，从而大大降低了从众行为发生的动机；再次，网络传播的匿名性和个性化特点也会使传统的从众心理表现得相对弱一些；最后，网络时代是个尊重个体、崇尚个性的时代。

四、"媒介景观"理论

法国导演居伊·德波，其代表作《景观社会》写于 1967 年，1988 年再写《关于景观社会的评论》。凭借"媒介景观"理论，居伊·德波表达了对媒介时代的激进批判。

居伊·德波认为，我们了解的世界大部分是由各种知识和消息拼贴起来的，是由大众传媒提供的文字、图片和影像所连缀，它们布置出一个大千世界的幻象，我们生活在它们提供的一个知识架构内部。而景观的作用首先就是让人们"看到"，在景观社会中，呈现的东西都是好的，好的东西才呈现出来。被动地接受，景观通过表象的垄断，通过无须应答的炫示实现了，新闻、宣传、广告、娱乐表演中，景观成为主导性的生活模式。媒介文化不仅占据了受众日益增长的业余时间，也为他们提供了幻想、梦想、思维模式和身份认同的原材料。媒体已经深刻影响着我们的思想和行为。

景观的泛滥有架空真实世界的嫌疑，在互联网和新媒体不断发展的今天尤为如此。因为大众知觉从读文到读图读像，从电影到直播，从 3D、IMAX 到 VR、AR，景观在商品和资本带动之下，不断地将真实转化为拟像。社交网络的发展使得每个人都能轻松地实现自我传播，人们观赏自己、通过图片塑造自己并期望被观看，这种被观看的心理需求被社交网络无限扩大。人们终于把自己变成了景观。变成景观的不仅仅是人的形象，而是人们的整个生活。我们开始用各种照相工具获取我们生活中的每一个场景，从吃早餐到坐公交、从上厕所到路上的行走。我们的生活由此变成了一幅幅图片和一段段视频，生活本身的意义被消弭了，它被压缩成格式化的图像和影像，生活从而变得扁平。如果我们不用图片去记录、阐释我们的行动，我们的行动似乎就变得无意义了。

传统媒体时代，由于媒介的覆盖有限，虽然景观社会存在，但景观和真实世界之间还是有一定距离和空间，还可以让一部分人保持对社会结构认识的清醒状态。可在非线性的、圈层的、超链接的网络新媒体传播中，在线性思维被打破后，公共领域和私人领域的一切都存在符号化、景观化的趋势。

第二节　新媒体传播的主体构成

一、国家和国际组织的新媒体传播

（一）主权国家的新媒体传播方式

1. 新媒体的传播控制

"控制"作为国际传播研究的核心概念，体现的是各国限制国外输入信息，以"知识垄断"控制国内，同时，以国际传播为工具输出信息与意识形态，影响他国观念从而控制他国的过程。新媒体的出现及其在国际传播领域中的广泛应用，给传统的国际传播格局带来了新的冲击，使得过去的管控模式发生了变化，主权国家的地位弱化，而国际组织、公民个体在传播中的地位上升。但这并未改变国家的主体地位，而更多地体现为发达国家从制度和意识形态上约束国际化的本国新媒体组织，并通过后者间接推行其国际传播战略。

这种间接控制方式的"非政治化"伪装，配合信息自由流动话语的合法化，使得弱势国家在维护本国信息主权、限制外来信息方面受到更多限制。

同时，新媒体全面覆盖、深度渗透的特征，使得外国信息能够直接抵达目标国受众个体并产生影响。在传统媒体时代，单向灌输的传播模式使得他国受众处于倾听与被告知的状态，参与感低而距离感强。新媒体时代的交互性使得他国受众也可以通过这一平台发布自己的消息，从而产生更强烈的参与感与认同感，忽视貌似中立的新媒体平台背后的控制力量。南方国家国内制度建设的不足又放大了新媒体在传播上的不可控性，使发达国家通过新媒体渠道进行传播更为简便。

2. 新媒体的话语霸权博弈

新媒体带来的传播便利是不容置疑的，在渠道过剩的情况下，知识成为决定国际博弈胜负的关键。根植于强大的知识生产能力和创新能力，西方国家拥有稳固的话语霸权，可以用对自己有利的方式解读事实和观念，有选择性地进行诠释。新媒体带来的畅通的传播渠道使得这些话语的扩散更为广泛。

随着新媒体的普及，在发达国家的共同体内可以预期更平等、更开放的沟通，但是在国际领域并非如此。更先进的社会信息机制需要更高的社会成本支撑，正在加大的南北差距使得南方国家没有能力在技术门槛高、更新速度快的新媒体领域同北方国家竞争，反而出现鸿沟加剧的现象。

但是，新媒体毕竟极大地拓宽了传播渠道，欠发达国家也有机会利用这一新兴的传播方式改善自己在国际传播中的不利处境。为了达到这个目标，欠发达国家应做到三点：第一，学会利用发达国家的媒体发出自己的声音；第二，加紧建设自己的新媒体国际传播体系；第三，最重要和最根本的一点，是加强自己的知识生产能力建设，在知识的基础上，通过媒体传播打破西方的"知识垄断"。

3. 新媒体的虚拟地缘政治

随着电报、广播、电视和互联网的依次出现和融合发展，传播展现出了万花筒般的变身特征（如流动性、无边界性、实时性、透明性、互动性、市民性、融合性等）和多维互动的表现形式（如博客、播客、互动电视、手机电视及其他SNS社会媒体形态）。这些特征意味着民族国家要修正传统的政治和社会安排，以适应不断进步的传播技术。新媒体的传播优势不仅在于媒介的便携特征，更表现在移动媒体与互联网的结合，形成绕过信息审查的强大的、立体的、即时流动的传播能力。新的传播技术不但增强了传播信息的洞穿能力，使民族国家的稳定性边界变得更具通透性，而且，信息借助数字化的传播网络即时传输到世界各地，传统的以地理学为基础的"地缘政治"观倾向于嬗变成网络时代的以想象为基础的"虚拟地缘政治"——政治借助文化、信仰、情感的地理分布来发挥作用。新媒体的传播把传播的构建能力扩展到社会的细微缝隙之中，形成了强有力的冲击力。由于存在不同民族的不同选择，因此，形成了不同的文化价值观，即存在文化多元性问题。由于存在文化多元性和不同的文化模式，必须采用本土化策略来进行全球化跨文化传播。伴随着文化和信息的产业化过程，跨文化传播与文化产业整合在一起，形成了借助文化信息产业来实施地缘经济与政治利益的文化地缘政治。而这种文化地缘政治又与国际政治的演变密不可分。

在全球化背景下，传统的国际政治由"现实政治"转向了"媒介政治""心灵政治""赛博政治"以及"网络政治"。"软实力"成了国际政治博弈的核心元素。

在符号、文字、纸质和电质等传播媒介的演变过程中，每一种新媒介的出现不仅被看作新的文明使者，而且改变了人们的生存方式以及对世界的认识，更使国际政治权力具有新的形式与特征。传播不仅是社会的建构，更是政治的、文化的建构，这些建构因传播技术载体的发展，变得更具有"毛细性"。对于新媒体而言，它既是一种新兴产业，成为国家的经济增长点，同时，又成了一种政治工具。作为产业，其形态、内容及传播力水平体现了一个国家在社会、经济、文化等方面的发展潜力，势必成为国家发展的支柱性产业。作为政治工具，新媒体发挥的作用更多地体现于传播的建构层面。新媒体传播的一个重要作用就是把不同的建构投射于最细微的社会缝隙，可以说，新媒体的发展与分布程度决定了民族国家在传播世界体系中的位置。"文化地缘政治"成了在全球化传播语境中描绘国家间博弈的更具说服力的概念：以建构地理位置分散或聚集为形式、以成员共享文化价值观为内容、以政治效果（国内的或国际的）为目的的影响施加机制。而新媒体正是这种地缘政治借以发挥作用的最有效的工具。从长远来看，新媒体网络传播虽然具有消解民族国家物理边界的趋势，但国家间政治并不因此而消失，而将以新的形式出现于网络之中，如"链接性"，至少我们在一个较长的时期内仍旧生活在一个有"意识形态"烙印的世界里。从此种意义上来说，继续推进新媒体的发展具有十分重要的意义，尤其从国际关系的角度来看，可以说关乎国家"软实力"竞争的成败。

（二）国际组织的新媒体传播

国际组织在新媒体浪潮中也迅速跟上了新媒体变革的步伐，依托新媒体平台实现了自身传播效力的扩张和提高。无论是政府间国际组织，还是国际非政府组织，在谋求实现全球范围内的协同合作，以更好地解决全球性或区域性的政治、经济、文化、环境等全人类共同面对的问题时，都不能回避其自身传播影响力的问题，即如何通过有效传播在更大范围内更深远地将组织的诉求传递给组织成员及相关目标群体。由于国际组织的行动往往基于跨越国境的国际信息流动，而国际信息流动又受制于主权国家的出境、入境信息控制的政策管制，特别是在新媒体时代来临前的传统媒体时代，以报纸、广播、电视为主的信息传播媒介在国家信息管控的考虑之下往往受限较多，使得借助传统媒介形式展开的国际信息自由流通受到阻碍，国际组织的传播效果也因此大打折扣。

随着新媒体应用技术的发展和普及，其高效的传播速率、巨大的影响范围以及消解信息壁垒的渗透力使得传统的信息传播效力得到质的提高，特别是基于全球互联网进行的信息流动使得跨越国境的国际信息流通成为可能，而国际组织也因此拥有了在国际范围内更高效和更大范围地进行诉求、推广主张和做出行为的平台，依托于这场传媒变革，国际组织在新媒体时代取得了惊人的发展。

联合国作为当今全球最大的、最具代表性的、拥有最多社会职能的政府间国际组织，积极应对新媒体带来的传播变革而实现了自身影响力的进一步扩大。联合国建立的官方机构网站通过六种语言向世界宣扬其维护和平和促进发展的宗旨；其开设的多媒体新闻频道能让全世界网民跨越疆域限制，及时地了解联合国的行动，其网络直播功能使人们能够即时直观地了解联合国的重大决议决策的发布。而随着社交网站和微博等新媒体形式的爆炸式普及，联合国也及时加入这股热潮，结合此类新媒体应用，使更多网民能够更为迅捷地听到来自联合国的声音。此外，联合国下设机构更是积极地利用新媒体平台来传播自己的声音。

欧盟也同样重视其在新媒体时代的战略发展。作为最具代表性的区域性政府间国际组织，欧盟旨在通过建立无内部边界的空间，加强经济、社会的协调发展。而在信息传播方面，欧盟也强调打破国境边界、协调行动，从而增强欧洲信息文化产品在全球范围内的影响力。而在新媒体时代，欧盟更是凭借新媒体平台加强欧盟政治文化的传播，提升欧盟在国际传播中的影响力，并通过对既有信息政策的基于新媒体新特点的修订，来保障新媒体在欧盟范围内的更有效发展。

对于国际非政府组织而言，新媒体支持带来的意义显然更大。相比政府间国际组织，国际非政府组织往往处于一种边缘和弱势的地位，其诉求的推广和行动的展开不具备强制力和约束力，而仅仅依靠成员对共同关注议题的价值共识。因而，如何更好地传播非政府组织的价值观和理念，寻求更广泛的认同和参与，对于非政府组织而言起到了决定性作用。新媒体传播具有迅捷性、广泛性、灵活性，非政府组织可以更容易有效地进行跨越国界的信息传播，能够更大范围地推广、宣扬自身的诉求。特别是对于涉及某些敏感议题的非政府组织而言，灵活多变的新媒体传播有利于突破一定程度的信息管控和封锁，从而使得相关议题的讨论能够得到继续和推广，并对议题涉及问题的解决起到推进作用。国际非政府组织的新媒体传播主要通过组织官方网站的推广以及联合社交网站、微博等丰富的新媒体形式。绿色和平组织（Greenpeace International）通过建立多语种网站在全球范围内倡导促进一个更为绿色、和平和可持续发展的未来，使得来自不同地区的人们可以不受地域限制，参与到其组织的活动中去，为了共同的环保理念保持合作；同时，其通过 Facebook 等社交网站开展关于大气污染的问卷调查活动，使得更多的民众能够方便地参与其中，填写的便捷性也增加了问卷的回收率，有利于绿色和平组织获取更多有价值的信息。在全球范围内，新媒体的发展大大提升了国际非政府组织的推广力和影响力，使得公民能够利用非政府组织和新媒体平台在政府组织和经济组织之外获得追求、维护个人或团体权益的途径，并能够在全球范围内实现共同诉求者的联合，从而推动全球公民社会的发展，共同应对全球化带来的全球性难题，填补全球化带来的全球治理真空。

二、传统媒体的新媒体化

（一）印刷媒体新媒体化

目前，人们的生活节奏明显加快，时间成为一种奢侈品，技术的发展使人们获得信息的渠道更加广泛，尤其是网络的出现，信息承载量大、时效性强、传播速度快等特点，使其当之无愧地成为时下年轻人信息渠道的首选，而传统印刷媒体在新媒体的冲击下，则显得有些过时，无法迎合受众需求。

然而，市场一旦被新兴媒体抢走，要抢回来就不那么容易了。如果说最开始传统印刷媒介利用和发展新媒介是迫于市场竞争的形势压力和媒体发展的大势所趋，那么，现在传统印刷媒介与新媒体融合、增加对新媒体的投入，则是源于自身的内部需求和对品质的追求。

　　传统印刷媒体为了摆脱新媒体发展所带来的困境，面对受众群体的多元化、分散化、碎片化和个人化趋势的压力，同时，又要进一步提高企业的利润、扩大企业的品牌知名度、增加信息传递和影响力的辐射范围，与新媒体融合、采用多种传播形式覆盖更多受众，便成了不可回避的途径。于是，出版社开始做电子书，开展线上阅读、手持阅读等，杂志和报纸也纷纷把阵地搬上网络，制作自己的网站，并创办手机报。

　　传统印刷媒体目前需要实现的就是由单一媒体向综合性媒体、由立足本土到面向国际、由传统媒体向现代媒体的转变。互联网时代是一个打开因特网能知天下事的时代，人与人的互动成本、沟通成本、获取信息的成本越来越低，舍弃信息量有限、携带不方便、缺乏互动性的报纸、杂志是一个理性人的理性选择。随着传媒业的进一步发展，不少媒介开始创办不同类型的媒体形态，主要有：出版杂志，创办网站和手机报，申办出版社，进军影视业，开拓传媒网络技术业务。

（二）电子媒体新媒体化

　　新媒体时代的到来，也推动着以广播媒体和电视媒体为代表的电子媒体纷纷制定新的发展战略，以求在新一轮媒介变革中取得有利地位。回顾媒体发展史，我们看到，广播和电视的出现与发展，对国际传播来说都具有开辟时代的意义。而现在，由于政治、经济、受众三方面的因素，电子媒介需要重新定位自身，找到新媒体时代的发展之路。一是主权国家在全球化进程中国际传播战略的需要；二是电子媒介需要突破自身经济发展的困境，找到新的经济增长点；三是现在的受众需要专门性、参与性、互动性的信息；同时，人们的媒介使用习惯已随着新媒体（以互联网为代表）的不断普及而发生变化，他们越来越多地使用互联网和移动媒体，而不是电子媒体。

　　在全球化的大潮下，为应对新媒体时代带来的挑战，世界范围内的许多主要电子媒体已经进入了传媒领域的新一轮较量，力求实现传统媒体向现代媒体的转变、单一媒体向综合媒体的转变，以及对外广播（对外宣传）向国际传播的转变。

电视媒体，作为"地球村"形成的重要推动力量，也是电子媒体时代的引领者，早已开始了向新媒体领域的扩张。

在我国，中国国际广播电台的新媒体实践在近几年也不断推进和发展。2006年，中国国际广播电台获得了以电视机为接收终端的视频点播业务资质和以计算机、手机等移动设备为接收终端的点播、自办频道、集成运营业务资质，进一步推动了新媒体业务的发展。

（三）通讯社新媒体化

近年来，随着以计算机和互联网为核心的信息传播技术的迅猛发展以及全球化所带来的政治、经济与社会的融合，通讯社受到新闻业竞争及互联网技术的双重冲击，其发展面临前所未有的挑战。首先，通讯社所采用的"一对多"的发稿模式使得其提供的内容趋于"标准化"，与媒体用户越来越多的对个性化服务的追求相矛盾。在信息传递不顺畅的时期，通讯社被传统媒体所选择，是为了降低其生产成本，这种方式确实有很大的积极作用。但经济社会的发展使得人们的需求越来越多样化，媒体选择的空间越来越大，媒体之间的竞争也随之加剧，整齐划一的内容供给难以满足受众多样化的需求。为保证自身特色，很多媒体对通讯社电讯稿的采用大大减少，更多的是选择自采稿件。其次，随着信息传播技术的发展，不断涌现的新型媒体使得通讯社原有的独特优势弱化甚至丧失。电视在新闻事件发生的同时进行现场直播，打破了通讯社新闻采集所谓的"快"；网络上每天不间断更新的新闻信息使通讯社新闻提供"全"的优势不复存在。并且，通过互联网的即时聊天及电子邮件进行新闻消息的采集和传播，成本大大降低，而这恰恰是通讯社赖以生存的根本。

面对新媒体的冲击，网络信息固然具有容量大、形态多样、迅速及时、可在全球传播和自由互动等特点，但也很容易泥沙俱下，往往呈现泛滥、无序和不稳定的状态；另外，在各种信息需求中，新闻是人们最基本的一种需求，这并未因为"信息爆炸"和多元化而改变。在这种情况下，通讯社所拥有的优势便显现出来，这就是它的新闻原创性、公信力和专业水准。因此，技术发展为通讯社带来挑战的同时，也为媒介产品的多媒体化提供了可能。通讯社所提供的新闻内容从文字新闻、图片新闻到图表、音视频，再到集图文与音视频为一体的 multimedia product，都很好地适应了网络时代人类信息沟通方式的变化。

世界传媒业现代化发展突出地表现在四个方面：一是加速新老媒体融合；二是扩展新媒体业务；三是发展多媒体平台；四是加强媒体战略研究。

因此，通讯社要牢牢把握其在国际新闻领域的优势地位；坚持新闻的原创性和真实性，同时，从多种渠道寻求多媒体平台的融合；积极运用新技术新手段；面对受众的多样需求，提供有个性的产品和服务。只有把握住新媒体挑战中所蕴藏着的无限生机和发展方向，才能在"全媒体"时代站稳脚跟，以自己独特的权威性和专业性傲立新媒之中。

三、新媒体机构的自传播

在新媒体技术的浪潮中，产生了一系列新媒体形态的组织机构，如雅虎、苹果、MySpace、Facebook 等。这些组织机构在将新媒体技术进行全球传播的同时，也开始了自己的跨国经营与国际传播。通过采取本土化战略、联合经营战略、多元化战略等，新媒体组织机构积极地进行海外扩张，抢占国际市场。然而，由于技术发展，竞争加剧，以及一些国家政策、文化等方面的原因，新媒体组织机构所处的国际传播环境正不断变化着，直接导致了其国际扩张战略的变化。

除此之外，新媒体也为个人传播提供了创新平台。新媒体技术打破了传统媒体对信息渠道的垄断，使人们可以参与跨国界的信息传播，表达意见，提高了公民的主体意识和参与意识。

（一）新媒体机构的自传播特点

1. 国际扩张战略与本土化战略

本土化战略是新媒体机构进行国际传播所采用的基本战略模式。它强调对环境的适应，企业不要作为外来的市场入侵者，而是成为目标市场中固有的一员融入当地文化、融入目标市场，从而获得目标受众的认同，获得更广阔的发展空间。

目前，本土化战略被有效地应用于研发、采购、生产、流通，以及宣传、销售等各个领域。例如，微软等公司纷纷在中国上海、深圳、北京建立了研发中心。雅虎、谷歌在人员配备上积极寻求当地的专业人才作为雇员，着力聘请具有跨国企业管理经验的本土经理人，带领团队更好地进行本土化作战。然而，随着市场竞争的加剧，这一战略在进一步的应用过程中，逐渐体现出两种趋势。

第一，新媒体机构的本土化战略开始细化到各个领域。通过进一步与本土部门、企业合作，利用对方的优势资源，开拓市场，提升品牌形象。第二，本土化战略的进一步实施也开始要求新媒体，机构改变自身原有的经营理念，顺应目标市场。针对中国市场盗版泛滥、用户不愿为软件与服务付费的特殊现状，微软也开始转变商业惯例，采取了如提供免费的精简版 Office、开放源码等一系列措施来适应中国市场，以此提升品牌形象，扩展消费群体。

2. 合纵战略联盟

互联网的跨时空性、平台性、互动性等特征使得信息的流动变得无远弗届，基于互联网这一平台而产生的网络新媒体则乘着互联网高速发展的东风和无边界的特性，在全球扩展和全球传播的道路上高歌猛进。今天网络技术的发展已远远超越了人们的想象。

在新媒体全球扩张的大趋势下，面临着来自全球市场的竞争压力，除了越发地倾向于本土化外，还有一个趋势越发成为很多新媒体公司的选择——广泛合作，结成战略联盟，实现与合作伙伴的共赢。

一方面，大型的跨国新媒体公司之间互相利用彼此现有的平台和技术优势，结成战略联盟，分享彼此的资源优势，从而巩固自身在竞争激烈的新媒体市场中的地位，扩大市场份额，期望达到 1+1>2 的效果。通过与本土"重量级"的新媒体合作，跨国新媒体公司显示出强大的适应力，使自己的产品、服务更具本土色彩与亲和力，利用本土传媒已有的通路，为自己的全球扩张打开市场。战略结盟也成为一些在激烈的市场竞争中暂时处于劣势的公司的选择。

另一方面，除了互联网上新媒体之间技术、平台上的合作之外，一些实力雄厚的互联网巨头往往也采用收购、投资、入股等形式实现自身业务的全球化发展。

此外，新媒体全球扩张的终端应用平台之争也越发激烈。互联网与手机的紧密结合使得更多的网络新媒体将目光聚焦在智能手机的终端植入上，纷纷与手机制造商、系统开发商、运营商合作开发并植入各自的手机版客户端。借由互联网智能手机操作系统的全球化扩张，新媒体应用的国际化传播之路更加开阔了。

　　除了以上提到的技术平台互补、资金投入、终端平台三种合作结盟方式以外，跨行业跨领域的合作也成为新媒体全球扩展的一种新选择。

　　网络游戏对于特定人群（如青少年）的吸引和由此带来的忠诚度，使"网游平台"具备了很多传统媒体难以比拟的优势，这个平台相对于其他传播载体而言，最大的优势就在于它能捕捉到其他媒体较难覆盖的一个"年龄层"，而这个年龄层的人群正好是很多企业的目标消费人群。从传播上来看，相对于被动地接受信息，消费者的主动选择往往会带来更好的传播效果。当游戏中的道具变为现实生活中可以购买到的一种饮料时，玩家们很可能会因为对游戏的忠诚以及爱屋及乌的心态去实现真实的消费行为。可见，"网游"相对于传统媒体，具有直接、迅速、专一的传播优势；与网络常规广告载体相比，更能激发玩家的主动性和关注热情。

　　全球化不仅是现代商业的运行法则，也是互联网时代新媒体发展的必然趋势。一方面，全球化能发挥规模效应，分散风险；另一方面，在新媒体公司的全球化发展中，由于各个国家文化风俗、价值观、生活习惯等方面的差异，模式被复制的问题也不得不引起我们的关注。

　　3. 技术和市场无边界

　　在新媒体集团国际化的进程中，尽管本土化和战略联盟策略强有力地推动了企业的迅速成长，但开发新技术产品以及改善服务质量才是提高集团自身核心竞争力的根本所在。

　　互联网的"无国界性"，使得新媒体产品拥有可以直接到达全世界用户的先天优势，任何资源都可以为全球共享。新媒体公司就基于网络优势，将自己的触角积极地伸向新市场和新领域。通过这种商业活动，新媒体集团不仅可以整合全球资源，开发更优质的产品，还可以获得丰厚的利润，扩大自身的影响力。

　　新媒体公司在新市场上推出新产品还只是其国际化扩张的第一步，要想在激烈的市场竞争中屹立不倒，还需要网络全球的受众，这是至关重要的决胜之步。全球的受众因文化、地域等因素而有着相当大的差异，因而新的产品和服务就必须在满足受众的需求、迎合受众的爱好方面下足功夫。从发展趋势上来看，互联网产品正逐步走向智能化、个性化，传统的无差异、同质化的信息产品已经越来越不能使受众满意，用户期待获得更畅通的人机交互体验，以及更优惠的产品服务。众多新媒体公司都在争夺全世界受众方面做足了工作。随着产品和服务的更新换代，受众获得了经过精心加工和筛选的全球信息，在新媒体公司营造的广袤的国际化空间里，尽情享受个人的愉悦。

然而，虽然这些新型服务和产品广受欢迎，很大程度上迎合了用户的个性化需求，但很多情况下，Web2.0网站的收入与其庞大的受众规模并不匹配，尤其是对于那些刚投入市场的技术或产品。

广泛参与新市场竞争，扩展经营领域，开发能被全世界受众普遍接受的产品，已成为新媒体公司走向国际化，实现无边界发展的重要战略。未来，新媒体公司已经完全主宰网络空间和虚拟世界，正大刀阔斧地走向与传统媒体融合的时代，报纸、广播、电视、互联网和手机的互融互通，将带给新媒体一个千载难逢的发展契机。

（二）个人传播作为新媒体传播的主体

在新媒体时代，国际传播行为无论从形式到内容都发生了根本性的变化，而一个不容忽视的重要变化就是传播主体的改变。国际传播主体是国际传播信息内容的发出者，是对国际传播过程产生直接影响的重要因素。20世纪80年代以前，官办国际广播电台在国际传播中占有绝对主导地位，之后，跨国传媒集团又以不可抵挡之势在全球范围内推进。随着新媒体时代的到来，国际传播主体的发展也从一元化向多元化过渡。而这些年来，随着国际交流的频繁以及互联网的兴起和广泛使用，个人正在成为影响国际传播的越来越重要的因素。

互联网的出现，打破了以往"传播者为中心"的传播模式，使国际传播中的传受关系发生了根本性的改变，形成一种交互式传播。在新媒体技术的支持下，接收信息者同时可以传播信息，"传者"与"受者"的界定越来越模糊。而新媒体使用的低成本和低难度又降低了传播准入的门槛，比如，信息持有者只须动一动手指就可以将信息通过手机发布到微博等互联网空间，十分便捷，而以前一条信息的传播是需要经过多道程序、几重把关才能完成的。拥有网络终端产品的个人，其所在国家只要接入国际互联端口，就可以参与国际传播了。这些都为个人成为国际传播的主体提供了可能。

个人传播的形式是多种多样的，网络论坛、BBS、博客、播客、社交网站、网络视频和网络手机等都可以成为个人进行国际传播的方式。在越来越多的普通草根阶层热衷于视频拍摄上传的同时，很多专业的新闻采访、制作人员也加入了这个行列。一些专业记者成为独立记者，通过网络这个平台更加自由地进行信息传播。

个人成为国际传播的主体之一，意义非常重大。获知信息的渠道大大增加了，听到了更多来自非传统媒体的声音，更重要的是，公民的主体意识、参与意识越来越强了。在"舆论同化"现象依然盛行的国际环境下，网络时代的到来，给世界舆论的多样化提供了契机。个人的国际传播力已经不可小觑，甚至已经成为影响国际舆论的一个重要因素。

数字技术、卫星技术、互联网的飞速发展，使得信息可以在全球范围内自由流通，不受时空限制。这在口语传播时代、印刷传播时代和电子传播时代都是无法想象和比拟的。当传播的权利不再属于某个特权阶层，当市民报道者和草根报道者的出现推动了政治传播的多元化发展，当跨境传播不再局限于国家行为，而因为更多全球公民的参与展现出生机勃勃的全球传播生态，媒体传播使"地球村"从预言变成了现实。

第三节　新媒体传播的模式探讨

传播是一个从传者到受者的信息流通过程。在实际生活中，人类的传播活动具有普遍性，传播各组成要素之间相互联系、作用，但按照系统理论观点，它同时还是一个与社会大系统中各个组成部分发生多边关系的子系统，这就使得传播系统及其结构纷繁复杂。研究信息传播的基本过程，用系统理论观点下的模式化方法是一个好选择。用模式化方法去研究传播的内在结构以及构成的诸多要素之间的关系，能够使复杂的传播结构直观且简化，能够使无止境、循环往复的传播过程固定化、静止化，从而能够进一步认识和研究传播的特点与规律。传播学研究中使用模式化方法建构传播模式，实际上就是科学地、抽象地在理论上把握传播的基本结构与过程，描述其中的要素、环节及相关变量的关系。这种模式方法对传统媒体和网络新媒体的传播研究都简捷有效。

网络新媒体是建立在数字技术发展的基础之上的。但网络新媒体并非一种全新的、独立的媒体，它更多的是作为一种手段、载体、中介、技术平台，通过传播的内在过程，影响传播的方式、形式、形态或效果甚至理念，新旧之分只是相对的，媒体的数字化只是反映了传播的媒体表现形式的变化，而不是对既有传播通道的取代。在传播的意义上，网络新媒体与传统媒体是一致的，都致力于对传播目的的深化和完善。

传播学一般将传播形态分为自我传播、人际传播、群体传播、组织传播、大众传播等。网络新媒体常见的信息传递方式有广播、组播、点播、P2P 等。尽管两者在某些表现形式或运用方式上还有显著区别，但在传播特点上它们有着高度的一致性。大众传播可以说就是一对多（不知道确切的受众）的广播，群体传播和组织传播是组播，人际传播就是点播或者 P2P，由此，网络新媒体的传播模式仍可以在传统媒体的传播模式中得到解释。

一、媒体传播的一般模式

（一）SMCR 传播模式

SMCR 模式又称贝罗模式，其中 S 代表信息源 source，M 代表信息 message，C 代表通道 channel，R 代表接收者 receiver。SMCR 模式明确而形象地说明了影响信息源、接收者和信息传播的条件，说明信息传播可以通过不同的方式和渠道，而最终效果不是由传播过程中某一部分决定的，而是由组成传播过程的信息源、信息、通道和接收者四部分，以及它们之间的关系共同决定的，传播过程中每一组成部分又受其自身因素的制约。信息源是传播的起点；信息是需要交流传播的内容；编码器将信息译成可被传播的形式，这种形式通常是人类感官不能直接感知的；通道是用以从某地向异地传递信息的媒介或传输系统；解码器将编码过程逆转过来；接收者是传播的终点；介于信息源与接收者之间的反馈机制可被用于调节传播的流动；噪声指在信息交换过程中可能带入的任何失真或误差。

SMCR 是传播过程的一种基本模式，它简要分析了信息在从信息源→信息→通道→接收者然后返回到信息源的来回传递这一过程中的信息交流。此模式可应用于人类传播的所有形式。

从传播方式来看，人类社会的传播经历了口语传播、模拟技术传播和数字新媒体传播三个阶段。

第一，口语传播是典型的点对点、面对面的对话式人际循环传播。它提供了面对面的可观、可听、可感的交流情境，此时，传播的主体互为传者和受者，成为传播的施动者。媒体使用的主要是口头语言和非语言如动作、眼神、面部表情等。人际传播的信息交换有了在场性，因而突出地显示了传播的本质。施动者间的传播不仅是双向的，而且是循环的，不一定有明确的过程。受传播施动者的生理限度以及时间、空间局限的影响，施动者之间传播的信息量小，信息范围狭窄，信息质量很难保证，因此，很少能满足双方可接受的、接收能力范围内的信息量与质的需求。

第二，模拟技术传播阶段的显著特征是大众单向传播。如文字描述是对现实的模拟，难以做到对现实的完全复现。印刷技术是批量复制技术，它的产品很难被及时修改。电子模拟技术在不断的传播中容易使信息失真、扭曲。这些都是大众单向传播的基本特点。大众传播是媒体组织采用现代机器设备，大批复制并迅速传播信息，从而广泛影响受众的过程。这种有计划的、一对多的、大批量发散信息的传播，使人们能实现跨时空的、大范围的交流。但传统大众传播是单向性传播，信息反馈渠道不畅、反馈功能不强。大批经媒体组织编译、整理、复制的信息封闭式地传递给被简约化、同质化了的受众，容易造成社会意识的单一化，形成对社会舆论的控制，传播效率难以进一步提高。

第三，数字新媒体传播阶段的最大特征就是大众互动传播。数字媒体的出现及其技术的不断创新与扩散，使得传统大众单向性传播迈入了数字新媒体传播时代的新阶段。这个还处于继续发展中的阶段，其主导特征就是互动式传播，而且是大众性的双向互动式传播。网络新媒体传播融合了传统媒体良好的传播功能，在更高层次上体现了真正意义上的传播特性。

（二）奥斯古德-施拉姆循环传播模式

威尔伯·施拉姆在奥斯古德传播模式的基础上，提出了传播的循环模式。这一模式突出了信息传播过程的循环性，强调在传播中信息会产生反馈，并为传播双方所共享。另外，它对以前单向直线模式的另一个突破是：更强调传受双方的相互转化。它对传统的单向直线模式是一个补充。其缺点是未能区分传受双方的地位差别，因为在实际生活中传受双方的地位很少是完全平等的，所以这个模式虽然能够较好地体现人际传播尤其是面对面传播的特点，却不能适用于大众传播过程。

如果将这一模式与网络新媒体中的互动电视（如网络电视、手机电视等）传播过程相对照，就会发现它们之间有着惊人的相似之处。

无论是利用 SMCR 模式还是利用奥斯古德–施拉姆循环模式来表征数字新媒体传播的基本模式，都可以清楚地发现在数字新媒体的传播过程中，互动传播和即时传播是数字新媒体传播最显著的共性特征。因此，这些传播模式对研究各类数字新媒体传播具有较为基础和广泛的示范意义。

（三）5W 和交互传播模式

哈罗德·拉斯韦尔提出的传播过程就是：谁（who）→说什么（say what）→通过什么渠道（in which channel）→对谁（to whom）→有何效果（with what effects），这一模式被称为拉斯韦尔模式，又称为 5W 模式。

5W 模式可以普遍应用于大众传播，其奠定了传播学研究的范围和基本内容。在 5W 模式中，信息的传播是单向一维的，传播者与接收者身份行为区分明显。这一传播模式虽然较好地概括说明了传统大众媒体单向传播的路径，但显然无法反映当今绝大多数网络新媒体的传播过程与传播规律。在许多新媒体中，尤其是在即时交互的网络新媒体中，比如，手机媒体、网络即时通信等，接收者同时又是信息的传播者。决定传播能否发生的关键因素不再是媒体组织的决定，而是该信息对接收者、传播者的价值和意义，只有当信息能有效地激发接收者主动向传播者转化，有效的传播才会发生，两者之间的角色融合使得信息传播的速度不断加快。

二、网络新媒体的融合传播模式

网络新媒体的融合传播是一个复杂且具高度综合性的问题，这在信息编码及传播介质两方面有充分体现。

由于新媒体是由各种数字化的元素组合而成，只是在格式和码率上有所区分，在传播过程中，媒体的内容信息都是以数字化元素形式出现。比如，描述文字信息的文本元素与描述电视节目的声音和图像元素，在传统模拟传播时代有很大差异，但在数字化媒体中则没有任何本质上的区别，这犹如将不同的信息编码方式进行了统一，为在传播的根本环节上不同类型的媒体相互融通提供了实际的可能性。

传播介质方面也体现了网络新媒体传播的融合形态，由于数字传播技术介入媒体传播领域，不同的传播方式可以在同一个传输平台上实现，比如，借助于数字交互技术，可以在广播电视网络中同时实现广播、组播和点播等，这种多样性的数字传播方式使得不同的传播方式整合成了一种数字媒体传播。

（一）新媒体内容数字化

在技术层面，由于数字技术的发展和应用，广播电视、语音、数据等信号都可以通过统一编码进行传输和交换，成为统一的"0"和"1"比特流。尼葛洛庞帝在其著名的《数字化生存》一书中就指出：在数字世界里，媒体不再是信息，它是信息的化身。一条信息可能有多个化身，从相同的数据中自然生成。所有传播的信息都可以通过"0"和"1"的组合形式表现出来，统一数字化的媒体抹平了众多媒体的差异，最后整合为一种传播媒体，也就是数字传播媒体。

从传播历史进程来看，口语传播、文字传播、印刷传播、电子传播的发展是一个依次叠加的进程，在媒体数字化之后，这些传播活动方式可能在一个平台上汇集，即互联网传播。根据国际电信联盟对媒体的分类，感觉、表述、表现、储存媒体（如声音、文字、图形和图像），语音编码、图像编码等各种编码，硬盘、光盘等存储媒体，都可以整合到一台计算机中，使计算机成为一个综合性的传播媒体。

数字新媒体的传播媒体整合形态典型地体现在互联网等传播平台上。这种平台系统集声音、图像、数据于一体，并有按需存储和交互功能。信息的数字化涵盖会话、数字、文字、图形、音乐、电影和游戏等内容，使各种信息能被计算机储存、处理和传输。数据库里的信息和处理程序可以由其他用户自由访问、传送、直接使用或存储。另外，这种系统是交互式的，通过简单的设备，所有的信息站点和用户都能互联。用户可以与其他用户或站点相连，也可以从站点或其他用户那里得到直接或单独的回应。

（二）新媒体传播数字化

人际传播是个体与个体之间的信息交流活动，因此交互性是人际传播的主要优势。但是，传统人际传播的范围非常有限，且传播资源也相对匮乏，这是人际传播天然的不足之处。

大众传播是指专门的传播机构通过特定的技术手段或工具向为数众多的、分散的受众进行的大规模信息传播活动。大众传播超越了人际传播及组织传播的局限，可以通过传播媒体把信息传播给为数众多的、地域分散的广大受众。但是大众传播是单向的传播，信息的及时反馈和交互无法实现，因此，传播的深度和效果远不如人际传播。

在网络新媒体传播方式中，点播和 P2P 就是一种在数字技术背景下实现的新的人际传播，借助于数字技术和网络技术，突破了传统人际传播的范围有限和资源匮乏的缺陷。大众传播方面，对传统媒体数字化之后产生的数字电视广播、数字音频广播等，目前仍然是主流媒体。但是，随着数字新媒体技术的进一步发展与提升，这种数字化的大众媒体也突破了自身所具有的大众传播的局限和特质，不仅融入了组织传播的功能，还融入了更多的交互功能，也逐步呈现了人际传播的特质。

由此可见，网络新媒体的传播就是借助数字传播技术将人类社会的各种传播形态予以有机整合，充分发挥各种手段的优势，形成人类媒体传播的新形态。特别是人际传播与大众传播结合的传播方式，一方面，加强了大众传播的深度，另一方面，扩大了人际传播的范围和增加了人际传播的信息资源。正是这种高度整合的社会性传播，加快了信息传播的速度，提高了信息传播的容量，降低了信息传播的成本，加强了信息传播的效果，数字新媒体传播整合将成为当今数字新媒体传播的一种趋势、一种必然。

第四节　新媒体传播的受众分析

一、受众和受众观

受众是一个集合概念，最直接地表现为大众传媒的信息接收者。传统的传播理论对受众问题的研究，有以下几种不同的受众观：

第一种受众观是大众社会论，即作为社会群体成员的受众。大众社会论认为受众是"一大群原子结构的、沙粒般的、分散的、无保护的个人，这些个人在大众传媒有计划、有组织的传播活动面前是被动的、缺乏抵抗力的"[1]。这种观点被称为"魔弹论"或"皮下注射论"。20 世纪 40 年代，拉扎斯菲尔德等通过"伊里调查"进行了 IPP 指数（即有政治倾向指数）分析并初步提出了"选择性接触假说"。调查显示，受众在接触大众传播信息时并不是不加选择的，而是更愿意选择那些与自己的既有立场、态度接近的内容，回避与自己对立或冲突的内容。这被认为是受众研究的里程碑式调查。[2] 通过此项调查，说明不同身份的受众对媒介信息的选择有着固有的倾向性，即媒介传播过程中并不是处于完全主动的位置。而受众的这种选择性接触与倾向性导致其作为媒介信息接收者在社会中不自觉地分化为不同群体，不过这种分化往往并不被受众本人所知。

第二种受众观是从市场的角度分析受众，由传播学者丹尼斯·麦奎尔提出，他认为"受众可以定义为特定的媒体或信息所指向的、具有特定的社会经济层面的、潜在的消费者的集合体"[3]。该观点基于大众传媒作为信息的卖方，要使其产品在价值与使用价值间进行转换则必须以商品的形式将信息卖出，而出售的对象是社会大众，即信息的消费群体是具有信息接收能力的受众。麦奎尔的理论是从市场角度出发，把受众看作市场环境竞争下的产物。这一观点丰富与创新了传播受众理论，并促进社会大众传播受众观的进一步发展，为后来学者研究探索大

---

① 郭庆光. 传播学教程［M］. 北京：中国人民大学出版社,1999:174.
② 郭庆光. 传播学概论［M］. 北京：中国人民大学出版社,2011:119.
③ 丹尼斯·麦奎尔. 麦奎尔大众传播理论［M］. 北京：清华大学出版社,2006:255.

众传播受众提供了经济学的理论支持。

第三种受众观即作为权利主体的受众。这种观点认为，受众作为参与社会公共事务的公众成员，在大众传播过程中具备传播权、知晓权、媒介接近权等基本权利。传播权是社会成员的基本权利，是受众表达言论自由的一种权利，包括他们利用大众传播媒介来传播信息的权利。知晓权是公民对国家的立法、司法和行政等共同权力机构所拥有的知情权利。媒介接近权是社会成员利用传播媒介阐释主张、发表言论以及开展各种社会和文化活动的权利。①

随着新媒体受众在社会公共事务与传媒事件中发挥的作用越来越大，如今的受众不再是"魔弹"直击的对象，而是媒介事件中能够积极参与和有所作为的传播主体。他们拥有发表言论、评论，传播信息，反馈信息等权利。这促使受众在新媒体中的思想与行为变得更为主动、活跃和富有创造性。

二、新媒体受众的一般特征

从1996年到现在，网络新媒体受众的主体结构发生了从精英到平民的变化，接受服务的方式也由被动到主动，受众越来越愿意分享、评论，而接受服务的需求从最初新闻信息占主导演变成对娱乐与商业的依赖。尽管有这样一些改变，就总体而言，其特征仍可归纳为以下几点。

（一）分众化

由于新媒体受众对信息的自主选择权越来越大，能够按照自己的意愿各自选择相关的信息，受众有日益分化的趋势。所谓受众不再是规模宏大的大众，而是分众和小众。实际上，新媒体产业上的每一链条、每一环节都聚集了不同的受众群，在同一个环节的受众群体有着明显的趋同性，而不同链条上的群体之间的差异性则较大。

（二）个性化

自我表达是人类的天性，由于个人的社会属性的差异，其在表达时也不可避

---

①　郭庆光．传播学教程[M]．北京:中国人民大学出版社,1999:178-179.

免地表现出各自的相对独立性。在传统大众媒体时期，受众没有条件利用媒体进行个性化表达，成为"沉默的大多数"。但在新媒体时期，受众成为传播主题，能够发布信息，表达自我的存在，能够对信息传播的过程和结果进行干预，这也是现代化传媒赋予信息时代受众的一项独特的权利。传播空间的扩大、传播主体的演变使新媒体受众在信息传播与接收中经常表现出风格迥异的独立态度、观点与认知。

（三）匿名性

网络身份匿名化是互联网初创时期形成的一种习惯做法。互联网初创时期，人们面对全新的网络虚拟空间首要追求的是信息的自由流通和意见的自由表达。网络用户一般都不使用真实身份，甚至能够使用多个"化身"，在不同领域同时注册多个账号以满足不同的需求。这为人们摆脱现实身份的约束，呈现自我的另一面提供了帮助，也使得网络空间信息的自由流通客观上受到保障。但随着网络虚拟世界同现实世界的距离越来越近，匿名性所导致的个人责任缺失、网络暴力频发等引起社会关注。国家现已推进网络实名制，以图加强网络新媒体的规范性，但这一工作须要长期推进，才能见到实效。

（四）分散性

虽然新媒体受众像传统媒体受众一样，也是遍布社会各阶层，但新媒体受众没有表现出足够的聚合性，也没有表现出传统媒体时期那样明显的阶层性。这主要是由于网络新媒体在内容传播方面的高度个性化，有效地分散了广泛的受众。自媒体的兴起使很多受众埋头在朋友圈，忙碌于微世界，同时，网络新媒体提供了个人意见自由表达的更多余地，也使得网络受众有更多的自我空间。

第三章

新媒体传播的多元形式及发展

新媒体的多元传播形式，不仅丰富了信息传播的内容与方式，也为媒体行业带来了前所未有的发展机遇。本章将逐一探讨基于新媒体的新闻、广告、网络直播和短视频等传播形态，分析它们的传播特性与创新突破，展望新媒体传播的未来发展趋势，为新媒体从业者提供宝贵的参考和启示。

第一节 基于新媒体的新闻传播形态

一、基于新媒体的体育新闻传播形态

（一）新媒体背景下体育新闻传播的特征

新媒体的出现给体育新闻的传播提供了多样化的传播路径，在新媒体背景下的体育新闻传播具备以下特征。

1. 多样性

多元化的传播方式充实了体育新闻的表现过程及具体内容，新闻内容中文字、音频、画面的充分融合，极大地提高了新闻的可视性。在新媒体背景之下，体育新闻传播摆脱了以往报纸、书籍的传播方式，通过实时直播、二次传播的方式为观众提供更多的体育新闻，让观众可以及时了解体育动态。这不仅拓宽了新闻传播的方式，更有利于体育新闻的进一步发展。

2. 个性化

以往新闻传播大多借助大众传播方式开展信息服务工作，但在新媒体视域

下，体育新闻传播有了极大的创新，可以通过评论、弹幕等多种途径与进一步了解受众的真实需求，在传播体育新闻时结合受众的反馈选择个性化的传播方式，以此提高关注度。

3. 互动性

新媒体时代的到来，打破了体育信息传输者和接收者之间的时间以及空间壁垒，为双方的实时互动提供了极大的便利，同时，也消除了信息在传播、接收及反馈方面的阻碍，受众群体可以借助留言、点赞、转发的方式，发表自己对于新闻内容的意见和感受，革新优化以往纸质媒介单方向输出传递的状态，拉近了传输者和接收者之间的距离。与此同时，传播方和受众方之间的边界也日益弱化。在个人媒体时代，信息的来源不再局限于传统媒体机构，受众也可以通过个人社交网络等线上平台了解新闻信息，并将自己生产的信息内容进行广泛传递，起到影响他人的目的。特别是在突发性新闻事件之中，个体极易成为新闻的首个报道来源，尤其在体育新闻报道中，各类突发事件的出现概率极高，在场群众的微博内容便会成为事件的网络首发，引起社会关注，并成为热点话题。

（二）新媒体背景下体育新闻传播的主要问题

1. 信息不严谨，缺乏有效监督

新媒体环境的建设使得信息新闻传播更加顺畅。每个人都有发声的权利，媒体和受众拥有第一时间传播信息的线上传播平台，而严谨性与有效监督成为薄弱环节，念头变成信息，想法成为新闻。

这是一个信息爆炸的时代，而在海量信息的产生中，作为媒体及传播平台，亟须提升的是严谨性与有效监督。

2. 为了迎合受众，过度娱乐化

当互联网、个人社交平台成为新闻传播的主要战场之一，制作"爆款"新闻成为衡量媒体单位及自媒体"身价"的标准之一。为此，各媒体在关注体育赛事本身的同时，也开始对明星选手的赛场外生活、恋爱、家庭故事等进行报道，将娱乐元素融入体育新闻报道，从而增强感染性、可读性，吸引眼球。

但随着对阅读量的更高追求，体育新闻报道中喧宾夺主的现象成为时尚。一些媒体在体育赛事的报道中，不是将其报道的重点放在跟赛事相关的人、事、物上，侧重于报道明星运动员的生活和花边新闻。部分媒体甚至为迎合受众将"娱乐至死""收视为王"作为主要价值取向，导致体育新闻过度娱乐化，使其失去了原本体育价值输出。

3. 报道深度不足，公信力降低

在信息时代背景下，随着受众群体对体育新闻信息的需求量不断增加，体育新闻的报道平台数量也急剧增长，这使得受众群体获取信息的途径朝着多样化的方向发展。但与此同时，发布平台数量的扩增也大幅度降低了体育新闻发布的门槛，一些体育专业素养不足、自身资质较差的网络媒体为了抢占市场先机，会借助发布内容过于简单的新闻事件抑或编造虚假新闻来吸引受众群体的眼球，这一问题使得媒体的权威性大打折扣。

4. 重竞技体育传播，轻大众体育传播

过于重视竞技体育会对大众体育事业的发展造成不良影响。在全面健身的大环境之下，忽视大众体育、冷门运用以及未取得优异成绩的体育人物，都会阻碍体育精神、文化、价值的传递，且这一现状与体育新闻报道全面、客观的宗旨相背离。若不及时整改，便会对我国体育事业的整体优化、发展进步造成阻碍，同时，也会使得体育新闻传播与核心内涵相脱离。

（三）新媒体背景下体育新闻传播的创新

1. 新闻的深度强化、新闻的内容创新

栏目的市场定位以及精神内核与体育新闻的深度、创新度有着直接关联，这两点也影响着新媒体视域下的体育新闻发展方向。故此，工作人员在管理编辑体育新闻时应提高自己的责任心，仔细审查新闻内容。

一方面，应在新闻发布时遵循内容至上的新闻发布原则，高度还原体育事实的本质。除此之外，也要通过赋予内容适量趣味性元素的方式提高新闻内容的质量。以当下常见的"UC 标题党"为例，市场监管部门应严肃处理这一乱象，在发布体育新闻时，应以新闻内容的真实度、可信度以及内核精神为主要内容吸引观众，拒绝通过"博眼球"的方式赚取观众浏览量。在将新闻内容与趣味性元

素融合的过程中，从业人员可以结合平台特点，加入一些互动元素提升观众的参与度，例如，设置赛事投票、问答活动等，在获得观众关注度的同时，也能起到普及体育知识的作用。

另一方面，创新新闻内容也是提升市场竞争力的主要方式，故此，新闻工作者应在保证新闻内容整体质量的基础上，深度挖掘市场热点，将"体育"与"创新"充分融合，以此增加体育新闻的受众人数。例如，可以借助大数据技术，深度分析、掌握用户的阅读喜好以及浏览倾向，通过定时推送相关信息内容的方式提高观众浏览次数。同时，用户也可以通过自行设置"关键词"、屏蔽"关键词"的方式选择喜好内容，实现智能化体育新闻的目标。

2. 贯彻落实全民健身的战略思想

全面健身、竞技体育、体育产业是我国体育事业的重要组成部分。"以人为本"是建设体育强国的主要思想，在这一过程中，应将人民放在发展体育事业的主要位置，切实满足人民健身需求，推动人民全面发展，贯彻落实全民健身国家战略，以此提升人民身体素质。由此可以看出，大众体育传播是体育新闻报道中的重要部分，故此，在选择新闻内容时不能局限于竞技体育，也要站在群众的角度挑选报道内容，在报道体育人物时也应将重点转移至热爱体育事业的人民群众身上。开展多元化的报道主体，适度转换报道视角，通过深度挖掘典型事件与人物，为群众创建良好的体育传播环境，激发群众对体育事业的热爱，贯彻落实全民健身的发展战略。

3. 不断加强从业人员的综合素质

随着生活水平的不断提升，人们对新闻内容质量的要求越来越高，这也给当下的新闻从业人员工作水平提出了更高的要求。在工作期间，新闻工作者应不断提升自身专业素质以及专业技能，确保自己工作水平可以跟上体育新闻行业发展脚步。互联网是新媒体视域下体育新闻的主要传播途径，基于此，相关单位应从从业人员的专业技能与知识储备方面入手，通过定期举办技术培训活动、专业讲座等方式全面提高从业人员的综合素养，培养"采、编、播"综合型人才。与此同时，媒体单位也应从就业人员的体育专业知识与媒体专业素养进行培训，通过培养"复合型"人才，输出具有价值的新闻内容，以此填补从业人员专业短板。

4. 持续增强新媒体的技术开发能力

首先，应充分运用新媒体的资源优势，通过提高网络资源、数字资源的利用次数提升新闻内容的可读性，尽量争取政策扶持，获得体育赛事的直播权，以此来消除转播权限带来的局限性。其次，为了拓展新媒体技术资源的应用途径，平台可以对当下搜索引擎技术、网络监察技术进行二次开发。例如，通过网络监控方式避免直播过程中的各种风险，提高新媒体技术在大众群体中的影响力，以此获得更大的资源拓展空间。除此之外，应精准找到新媒体与传统媒体之间的差异，运用先进科技手段预估未来发展过程中的重点开拓环节，分析先进技术传输相关视频的稳定性，并通过宣传其优势的办法，提高自身的竞争力。

二、基于新媒体的网络新闻传播形态

（一）网络新闻传播的特征

互联网新闻作为一种新型的媒介信息传播手段，能够在较短的时期内获得如此广泛的关注，与其本身的特性有着密切的关系。

1. 时效性

网络新闻具有很强的时效性，而时间性是衡量新闻价值的一个重要指标。传统媒介的时间观念是以天为单位的，而新的互联网媒介则是以小时为单位的。

2. 无限性

我国目前存在大量的信息，以及各种信息的传播媒介。像报纸、电视等都是互联网媒体的无限延伸。世界上每日都有成千上万的新闻活动，相比于传统媒介版面、地点的限制，新的互联网媒介能够在任何时间、在任何地方都能看到各种不同的资讯，显示出新媒体的优势。

3. 可存储性

传统媒介如报纸、杂志等，在储存方面存在一定的时效性，例如，纸张的损耗、衰减，而在电视机中，其储存性能就更差了。而网上的新闻就不一样了，会按照用户的喜好，将其储存在自己的电脑里。此外，当一个事件在网上有很多的新闻资讯或专题专栏、追踪报道时，受众可以直接通过搜索引擎、浏览历史，了解整个事件发生的全过程。

4. 多媒体性

在传统的报纸媒介中，通过文字和图像的组合来进行传播。而电台通过广播传达消息，电视通过音频和图像、视频来传播。而新的互联网媒介，可以兼容文字、图片、声音，通过绘画、影像等多种形式的媒介来储存和传送信息，集合了传统媒介的长处，使其本身的影响力和感染力增加，同时，兼具观赏性、活动性和形象性。多媒体信息是"兼容并蓄"的最佳途径，使得新时代的信息传播方式变得更为多元化。观众可以根据自己的偏好，选择不同的交流方式，能体验到不同的观看感受。

（二）新媒体时代网络新闻传播的现状分析

1. 各种新闻媒介都在进行"媒介整合"

随着经济社会和科技文化的不断发展，互联网新闻迅速发展，甚至出现了蓬勃发展的势头。然而，在当前的新媒体背景下，大众对新闻的收看呈现出了越来越多的碎片化选择，互联网的信息就迎合了受众的选择，从而成了他们最好的选择。所以，作为信息交流的主流，网上信息成为当前媒体研究的热点。在新媒介的发展过程中，各种新闻媒介都在朝着"媒介整合"的发展趋势进行着。这在某种程度上促进了网络新闻的发展。

2. 网络新闻的内容及形式发生了变化

随着信息技术的迅速发展，互联网上的新闻传播能力越来越强，传播的速度越来越快，覆盖得越来越广泛。而且，由于互联网的传播形式更为严谨和精细，使得互联网的信息内容发生了一系列的改变，以往的网络信息主要侧重于时政，而现在社会类新闻更容易被人们所喜爱。受众更多关注焦点放在了热门话题上。此外，在互联网上，不但新闻的内容发生了变化，而且在传播方式上也发生了变化。这种方式可以更好地满足观众的需要，让新闻报道的内容更加受到大众的欢迎。

3. 自媒体的准入门槛过低

网络媒体在新媒介环境下迅速发展。媒体的发展促进了互联网新闻的发展，但由于其准入门槛较低，使得其逐渐走向庸俗性，严重制约了其传播。互联网上充斥着大量的虚假信息，使得其影响力越来越小。要想提高其传播的影响力，就需要跳出传统的思维模式，提高网络媒体的准入门槛，并进行内容和形式的创新和提高。

4. 网络传播方向存在雷同

在新闻报道中，信息的传递是影响其品质的关键。新媒体时代的到来极大地促进了互联网的发展，同时也使其走向了"相似"。就拿新闻短视频来说，在媒体融合的背景下，短视频已经成了互联网上新闻传播的重要阵地。在不同的传播取向上，可以促进某一类媒体的快速发展，但同时也会对互联网媒体的多元化产生很大的不利影响。互联网新闻传播方式的多元化是其不断发展的主要方式。若存在"雷同"现象，将极大地制约互联网信息的发展。

（三）新媒体时代网络新闻传播面临的主要问题

1. 网络新闻的传播渠道越来越多

在当今社会，互联网的飞速发展为人们提供了更多的渠道。通过网络，可以在最短的时间内了解到国内外的最新时政消息。在此背景下，网络新闻传播在某种程度上也受到了影响，其传播的速率也越来越慢，不能适应大众对信息的要求。为此，必须充分运用网络技术等手段，构建多元化、立体化的信息传播渠道，拓展信息传播的覆盖面和影响力。

2. 网络新闻和新媒体相结合

随着多种媒介形态的不断发展，网络新闻须与新媒体相结合。这不仅是对传统网络媒体的一次巨大的转型，更是一种崭新的发展态势。将微信二维码、微博等社交媒体的互动主题加入即时新闻的实况转播中，可以更好地激发受众的参与度。通过计算机网络和手机 App 客户端进行分享，可以为受众提供更多的资讯，增强其传播效果。

3. 社交媒体中的社群传播模式广泛

在大数据时代，新的互联网媒介的发展使传统的沟通模式发生了翻天覆地的变化，形成了一种新型的交流模式——社区交流；每个人都是通过移动互联网来创造、传播、接收并依据社会辐射来获取信息，从而提高传播速度和传播的范围。在社区传播过程中，个体作为信息的传播者，将自己的信息传递到更大的社区，并以分散的方式传播。它的传播途径广泛，辐射广泛，影响深远。例如，人们通过微信进行沟通，基于对朋友的信任、沟通和传递信息；在新闻传播中，受众会利用网络媒介的传播优势加深对新闻资讯的认同感，然后再将自己的消息传递给其他社群。而他的朋友们也在不断地将消息传递给其他人，让这条消息获得了极大的关注，与自己有同样想法的人聚集在了一起，对社群内的人就会产生很大的影响。这样的社群化传播可以迅速地将大众的注意力吸引过来，从而实现网络新闻的传播。

（四）新媒体时代网络新闻传播的优化方法

互联网的优越性并不能确保人们能够无限地利用互联网，我们也不能否认其存在缺陷。在当前时代，要针对其特点，采取有针对性的应对措施，才能促进其健康发展。

1. 不断提高网络新闻的制作水平

在新媒体时代，网络新闻编辑要不断增强自己的观念，不断优化、完善自己的新闻栏目，以扩大栏目的影响力。要把握好这一工作的关键，就要在思想上创新，内容上优化，才能把网络新闻工作做得更好。要坚持正确的发展方向，兼顾社会效益和经济效益，充分发挥新媒体的功能。新闻传媒要在解放思想、开拓创新的基础上，不断创新，利用新媒体的多种作用，开创新的发展局面。同时，要全面把握融媒体时代的数字化、网络化、智能化的发展趋势，熟悉新的领域，学习新的知识，以实现新闻创优的目的。网络新闻记者要把握好标题与内容的关系，深入挖掘、提炼新闻，并把新闻的主题生动地表现出来，用新的媒介进行交流，使新闻的创作观念得到全方位的更新。新闻传媒要从题材、质量等多个方面着手，不断创新，不断完善，不断提升新闻传播的影响力。

2. 增加网络新闻的传播方式

随着互联网技术的飞速发展，各类媒介在某种程度上相互融合。就时政类网络新闻来说，要不断地增加其传播方式，以拓展其影响。要充分发挥受众所喜爱的媒体传播方式，在新闻形式和方式上进行创新，以满足大众对信息的需要。因此，可以通过微信公众号、网站等方式，通过视频、图片、声音等多种形式来实现对时事新闻的报道。此外，还可以通过网络媒介针对新闻栏目举办一些相关的活动，加强与观众的交流，增加观众对网络新闻的黏性，引起受众群体的关注。

3. 建设特色的网络新闻网站

在新媒体时代，建设特色新闻势在必行。网络媒体拥有大量的网络新闻，而在受众的阅读过程中，往往难以发现自己所需的信息。所以，为了增强网络新闻的传播效果，必须充分利用特色新闻的正面效应。特色新闻是独一无二的、无可替代的。随着新媒介时代的来临，新闻传播工作也随之产生了巨大的变革，网络平台要想凸显自己的"卖点"，增强自己的竞争优势，必须有自己的特点。只有如此，才能获得长期的受众，从而推动网络新闻网站的长期发展，从而提高其传播的影响力。

4. 创建强有力的网络新闻信息资源库

健全的网络信息资源是支持信息交流的重要环节，可以提高网络新闻媒体的传播能力。从目前主流新闻媒介来看，它们都是以大量的数据库为基础的。一个强有力的信息资源库能够提高新闻报道的品质。从当前形势来看，由于我国的新闻资源还不够完备，因此，在新闻宣传工作中很难得到良好的信息支持。在融媒体时代，要提高传媒的传播效果，单纯依靠传统媒体的宣传手段是不行的。因此，应主动变革，深入发掘新闻资讯，建立符合时代发展需要的专门资讯资料库，为后续的新闻报道工作打下坚实的基础。研究工作不是一朝一夕就能完成的，记者必须花费很多的时间和精力，利用大数据等技术，从庞大的互联网信息中挖掘出读者的偏好，然后以此为基础，提高网络新闻传播的质量，为实现网络媒体长期、平稳发展做出贡献。

5. 增加网络新闻信息的多样性

利用互联网进行新闻报道，必须拓宽信息的发布渠道，使其更好地满足受众的需求。所以，在新闻媒体的传播中，报道方式和途径很关键。从当前互联网的新闻报道来看，可以发现，在新闻传播的时候，视频、文字、图片等通过网络媒介传播能够最大限度地满足读者对信息的需求。基于此，利用网络新闻传播可以有效地增强网络媒体的传播效果。所以，在新闻编辑工作中，应注重在新闻报道的形式上进行革新，并对其内容进行严格把控。网络新闻传播对新闻进行发布的同时，还可以按照新闻的特点和发展趋向，对其进行归类；将这些有效信息进行归类，既能使受众更好地获取资讯，又能丰富网络新闻传播的多样化发展。

随着互联网和信息化技术的迅猛发展，涌现了许多新的东西，而新的媒介也越来越多。同时，对我国的新闻传媒也产生了一些影响。网络新闻媒体要想在市场上站稳脚跟，增强自己的传播影响，就必须突破局限，充实自己的内容，创新形式。同时，要不断地进行革新与改善，以达到可持续的发展。总之，互联网信息传播以其信息的丰富性和时效性、开放性和个性化的传播途径和手段得到了广泛的关注。在这样的形势下，不同的传播载体必须通过多元协作来构筑网络新闻的传播系统，携手打造一个清新、健康的网络环境，要把传统媒体的优点和新媒体的发展模式相融合，才能使我国的新闻业得到更好的发展。

三、基于新媒体的报纸新闻传播形态

（一）新媒体背景下报纸新闻传播发生的变化

1. 组织结构方面发生的变化

在微博、微信等各种新媒体不断涌现的环境下，国内传统的报纸媒体行业面临着前所未有的发展危机。而我国报纸媒体行业为了应对新媒体带来的挑战和冲击，也针对报纸新闻的传播做出了根本的改变，其中，最为突出的是组织结构方面的变化。

对于传统报纸媒体行业来讲，其传统的管理体制和行政管理制度对于其自身的发展有很大的限制，使其很难实现更好的发展。所以就当前发展而言，传统模式的改革也显得很有必要。

目前，已经有部分报社进行了相应的改革，并取得了较好的成效，且在组织结构方面的改革步伐也不断加快。为了有效适应新媒体时代媒体行业的发展，紧跟时代的发展步伐，很多报社的工作人员已不再固执己见，充分利用了现代先进的技术，实现了报网的有效结合，在管理形式上也加大了创新力度，从而将传统报业和新媒体的优势结合，以此进一步推动新闻信息的传播，使传统报业媒体的生存空间不断扩大。

2. 新闻信息采集方面发生变化

基于新媒体环境，传统报纸媒体新闻的传播主体也发生了很大的变化。在传统媒体时代，报纸媒体行业的新闻工作者获取信息的主要来源是新闻采访素材或政府机构。

在某个事件发生后，很多报社一般都会派记者快速赶往新闻现场采访有关目击者，或通过政府有关部门获取相应的新闻素材信息。而如今，某个事件发生后，各大报社的新闻媒体工作人员可以通过微博、微信等各大社交媒体平台来收集与该事件相关的信息素材，这给新闻媒体工作者的新闻素材采集工作提供了极大的便利，从而有效增强了新闻信息的时效性。

3. 新闻传播方式发生的变化

在新媒体的冲击下，传统报纸新闻的传播方式发生了很大变化。在微博、微信等新媒体还没出现之前，人们要想了解或者知晓国家甚至全球发生的一些新闻事件或时事动态，就必须等到第二天各大报社的报纸发行出来，通过各大报社的新闻报道才能了解有关新闻事件的信息。

但随着我国科学技术和互联网技术的不断发展及普及，人们被动获取信息的局面发生了变化，原本需要等待十几个小时才能获取的信息，现下人们只需要通过移动智能手机就可以看到各个不同新闻网站的不同新闻内容。新媒体的出现和发展打破了报纸新闻传播在时间和空间上的壁垒。

如今，人们不受时间和空间限制，可以随时随地利用手机、平板电脑等电子设备在各大互联网平台和新闻客户端查询及获取自己需要和感兴趣的新闻信息。而且某个事件发生后，相关的信息也会快速触及受众，这也充分体现出新媒体环境下新闻传播的时效性较强。在此情况下，传统报纸媒体也充分利用新媒体的优势和现代信息技术来创新新闻传播方式，并有效结合多种传播媒介，促使媒体传播方式更加多元化。例如，海南日报社就紧跟时代发展步伐，开设了官方微博账号、官方微信公众号，以及官方抖音号，而受众通过手机连接移动数据，就可在这些新媒体平台上了解《海南日报》报道的各类新闻信息。

（二）新媒体背景下报纸新闻传播的发展策略

1. 巩固报纸新闻的权威地位

新媒体时代背景下，报纸媒体虽然不再是受众获取新闻信息的主要平台，但其权威形象依然深入人心。因此，报纸新闻传播若想在未来获得更好的发展，就必须充分利用自身的品牌优势，积极维护报纸的权威性和严肃性，不断巩固自身的权威地位，从而打造出更具影响力的新闻品牌。

传统报纸媒体的工作者应当充分利用新媒体的优势，加快与新媒体的融合发展步伐。同时传统报纸集团应当加强与当下新媒体的合作，充分结合自身的品牌优势和新媒体的运营优势，以及技术、资源方面的优势，以占据有利的竞争位置，从而有效提高传统报纸新闻媒体的核心竞争力。

当下的报社和报业集团必须充分发挥自身在人才和新闻资讯渠道方面的优势，不断整合并利用内部的相关资源，并要根据当前受众的实际需求，结合国家的相关政策要求，制造一些具有舆论导向作用和具有较强影响力的优质新闻产品，从而满足受众对于新闻信息的需求，以此有效巩固传统报纸媒体的权威地位。此外，传统报纸媒体还可以通过直播方式报道新闻，使受众感受到新闻现场的氛围，了解新闻现场和新闻事件的实际情况，以此有效提高报纸媒体的公信力和权威性。例如，对于全国两会的报道，《新华日报》《光明日报》等多家报社就纷纷通过官方微博账号和官方抖音号来直播，让受众对全国两会能够有更为全面的了解。

2. 构建相应的数字化传播平台

从传统报纸媒体的发展现状来看，报纸新闻的传播和其整体的发展都呈现出明显的数字化趋势。因此，在新媒体环境下，传统报纸媒体若想有效提高自身新闻传播质量和效果，使自身获得更好的发展，就必须制定好新闻传播的数字化发展措施。

首先，传统报社的新闻媒体工作者应当充分利用数字化技术、新媒体技术，以及互联网信息化技术来构建一个完善的数字化传播平台。并且相关技术人员在搭建平台之前还要明确数字化传播平台的定位，结合传统报纸媒体的传播特征及报社的实际发展情况构建相应的框架模型。尔后根据构建的框架模型来搭建相应的数字平台，从而使受众能够通过这一平台获取自己需要的信息。

其次，不断完善手机端数字化传播平台的内容模块。相关工作人员可以在搭建好的平台中，结合人们对新闻信息的实际需求在首页设置多个栏目，例如，《新闻快讯》《新闻直播》《新闻点播》都市现场等多个版块。媒体工作人员填充这些栏目的内容时，要转变传统思维，树立创新思维及融合发展观念，为每个栏目板块量身定做相应的新闻内容，并彰显报纸媒体自身独有的特色。

最后，报社内部的新闻媒体工作者还应当充分结合当前时代人们的数字化阅读需求和阅读特征，对新闻信息的内容和形式进行相应的优化。当下，人们都没有耐心和时间去阅读大量的文字，这就需要报纸媒体工作人员不断优化新闻采编形式，并要充分利用图片、视频、音乐，将三者和文字有机结合，让受众在手机端数字化传播平台上能够更为直观地了解到相关新闻事件的实际情况。

3. 拓宽传播渠道，创新传播模式

新媒体环境下，传统报纸的新闻传播若想获得更好的发展，就必须充分利用新媒体的优势，不断拓宽其新闻信息的传播渠道，不断创新报纸新闻信息的传播模式。

首先，传统报纸媒体必须转变以往的运营理念，积极借鉴和学习新媒体的运营理念和传播方式。这就需要报社内部的新闻工作者在平时的工作中要注意积累，不断提高自身的综合素养，与时俱进，加强对新知识和新理念的学习，积极树立融媒体意识，充分利用新媒体传播报纸新闻。例如，各大报社可以依托于新媒体开设官方微信公众号、官方微博账号、官方抖音号、官方视频号等，并要结合当前受众群体的实际需求向潜在用户推广自身的新闻品牌和经典栏目。而且在推送的过程中还要不断加强与用户的互动，及时查看用户在各社交媒体上的评论和留言，并尽可能第一时间回复用户，从而增强用户的黏性。

其次，各大报社可以鼓励内部新闻记者及编导人员开设个人的微博账号，打造个人IP，塑造自身的品牌形象和特色，以此吸引更多的用户关注他们的微博，从而将其报纸新闻信息推送给更多的受众，以此有效提升报纸新闻传播的质量和效果。传统报社的新闻媒体工作者还可以在官网上开设相应的论坛，积极建立多方互动的传播渠道，如此，更多的受众有机会参与到报纸新闻栏目的整体策划、新闻素材的收集，以及报纸新闻信息的传播中来，从而有效扩大新闻信息的传播范围。

最后，传统报社和各大报业集团也应当充分抓住时代的发展机遇，以拍摄新闻 Vlog、直播专题新闻论坛等方式来创新报纸新闻的传播。并且报纸媒体工作者还要通过直播间和用户有效互动，从而了解不同受众群体对新闻事件的看法与意见，以此才能进一步提高报纸新闻的传播力和影响力。

第二节　新媒体广告及其传播格局拓展

一、新媒体广告的概念和特点

(一) 广告的相关概念

广告是一种通过各种媒体传播的宣传信息，旨在促使目标受众采取特定的行动，通常是购买某种产品或服务。广告的目的是通过吸引注意力、刺激兴趣和激发欲望来影响消费者的决策过程。

1. 广告的主要作用

广告作为一种商业传播手段，在现代社会扮演着至关重要的角色，其作用不仅仅局限于推动产品销售，更涉及品牌塑造、消费者教育、社会文化影响等多个方面。广告的作用既体现在经济层面，也在文化和社会层面发挥着深远的影响。

第一，在经济层面，广告的作用主要体现在促进商品销售和市场竞争方面。通过巧妙的广告策略，企业能够将产品或服务的信息传达给潜在消费者，吸引他们关注并最终产生购买欲望。广告的视觉、声音和文字等多重元素结合，能够生动形象地展示产品特色，激发消费者购买欲望，从而推动市场的繁荣和发展。

第二，在品牌建设方面，广告扮演着关键角色。通过持续、有针对性的广告宣传，企业可以树立自身在消费者心中的形象，提高品牌的知名度和美誉度。成功的品牌广告能够赋予产品独特的文化符号，形成品牌与消费者之间的情感连接，从而建立起长期的客户忠诚度。

第三，在社会文化层面，广告具有重要作用。通过广告，社会的消费观念、审美趋势以及文化价值观都受到了影响。广告可以传达企业的社会责任理念，引导消费者形成积极的购物行为和消费观念。同时，广告也是文化的传播者，通过创意和表达形式，塑造了时代的审美标准和价值观念，对社会文化产生深远的影响。

第四，在推动科技创新和社会进步方面，广告发挥积极作用。随着数字营销和创意广告的兴起，广告业不断推动着科技的发展，促使各行各业更加注重创新和用户体验。广告的创新也推动了社会对于多元化、包容性和可持续发展的关注，使得广告不仅仅是商业传播工具，更是社会进步的引领者。

2. 广告的分类

(1) 根据传播范围划分

第一，全球性广告。全球性广告是指利用具有国际跨国传播或国外目标市场的传播媒介实施的广告活动，目的是推销面向世界的出口商品、观念和服务。由于世界各国受众的文化背景、生活习惯等迥然不同，因此，这种类型的广告在媒介选择和制作技巧上需要特别注意国外受众的特点和需求。而随着全球贸易的加速发展以及全球经济的一体化，全球性广告对于跨国企业以及一些国际名牌和各种奢侈品来说，已经成为广告中必不可少的一部分。这类广告针对的是全国范围内的受众。简单地说，就是指通过全国性的大众传播媒介，如我国国内影响力最大、最广的中央电视台，在全国范围内实施，是为了向国内的受众传递广告信息，从而引起国内受众的普遍反响所进行的广告活动。这种广告覆盖区域大，受众人数多，影响范围广。但正因为受众区域跨度大，因此，也要注意不同地区受众的接受特点。

第二，区域性广告。以特定地区为目的的广告，其传播范围是一省或几省，这一区域在地理环境、经济水平、社会文化等方面都具有相同或相似的特征，因而连成一体。一般为特定地区需要的产品，销量有限，选择性较强。这种广告是配合差异性市场营销策略而进行的广告传播活动。

第三，地方性广告。利用覆盖一市一县的媒体发布的广告，如地方报纸、地方电台、地方电视台所发布的广告。此类广告多数是为了配合密集性市场营销策略的实施。广告的目的是促使人们使用地方性产品或认店购买。广告主多为地方企业或者零售商。

（2）根据传播形象划分

第一，品牌广告。以树立品牌为目的的广告。树立品牌的广告不是介绍单一商品，而是说明品牌的系列商品，利用消费者对品牌系列中某种商品的信任度，扩大到对整个品牌系列商品的信任，从而进一步提高品牌的知名度和美誉度，扩大品牌在消费者中的影响力。

第二，公关广告。以树立企业形象为目的的广告。此类广告又叫公关广告，它不直接介绍商品或品牌、着重树立企业形象或品牌形象、宣传企业对社会的贡献，该广告以企业的理念、企业文化、品牌特征等元素作为广告诉求的内容。

第三，观念广告。观念广告是品牌广告中的一种特殊形式。一种方式是企业通过媒体表达对社会问题的看法，由此表达企业的社会理念，从广阔的社会角度树立企业形象。另一种方式是企业通过广告媒体向消费者传达某种消费观念，这种观念刚好与企业的商业目的能够很好地融合。

（3）根据媒介载体划分

按照广告所利用的媒介载体的性质划分，广告可分为传统媒体广告和新媒体广告。

第一，传统媒体广告。传统媒体广告是指通过传统媒体所发布的广告。传统媒体主要包括报纸、杂志、广播、电视等大众传播媒体，在这些媒体上发布的广告被称为大众传播媒体广告。此外，传统媒体广告还包括户外广告、促销广告、销售现场广告等小众传播媒体广告。

第二，新媒体广告。新媒体广告是相对于传统媒体而言的，是一个不断变化的概念。在日新月异的高科技支撑下，新的媒体形态不断涌现，主要有互联网、卫星电视、卫星广播、有线电视，以及各种数字媒体、移动媒体、手机短信等。通过这些新媒体所进行的广告活动则被统称为新媒体广告。

3. 新媒体对广告的影响

新媒体的兴起使得广告传播方式发生了翻天覆地的变化，对广告产业产生了深远的影响。

第一，新媒体为广告提供了更广阔的传播平台。传统媒体受到时间和空间的限制，而新媒体通过互联网的高度普及，使得广告能够更迅速、更广泛地传播。

社交媒体平台、搜索引擎和在线视频成为广告商推广产品和服务的理想场所，不仅能够触及更多的受众群体，还能够实现精准定位，增强广告的传播效果。

第二，新媒体改变了受众获取信息的方式，使得广告更融入人们的日常生活。在社交媒体上，广告通过与用户产生互动，增加了用户参与感和体验感，形成了一种更加友好和个性化的推广方式。同时，新媒体的算法推荐功能使得广告更加精准地呈现给用户，提高了广告被关注的概率。这种互动性和个性化的特点使得广告更容易被接受，也更容易引起用户的兴趣，从而提高了广告的点击率和转化率。

第三，新媒体还促使广告形式的创新。随着技术的不断进步，虚拟现实（VR）、增强现实（AR）等新型媒体形式逐渐应用于广告领域，为广告带来更多的可能性。通过虚拟现实技术，广告能够呈现更为生动、沉浸式的效果，吸引用户更深度地参与其中。这种创新形式的广告不仅能够打破传统广告形式的束缚，还能够更好地满足用户对于多样化、个性化体验的需求。

总之，新媒体为广告提供了更广泛的传播平台，改变了受众获取信息的方式，推动了广告形式的创新，但同时也带来信息过载和广告疲劳等问题。广告商需要在适应新媒体的同时，注重创新和精准定位，以更好地应对新媒体时代的广告挑战。

（二）新媒体广告的内含

新媒体广告是通过以数字技术、网络技术为基础的，以多媒体作为信息呈现方式的传播媒介，有关商品（产品、服务和观念）的，依靠受众的即时互动沟通而深入展开的信息传播活动。新媒体广告的含义如下。

1. 新媒体广告的生产态度

传统的信息生产是专业化的模式，所以，无论是利用纸与笔的生产时代，还是利用电脑进行数字化处理的生产时代，都需要在专门的培训下，严肃认真地生产。但在新媒体时代，信息不再完全依靠传统的主观创作和制作，而更多的可能是以一种低门槛的、不需要进行专业培训的或偶然的、随意的方式出现。这样的生产态度，改变了人们早已建立起来的对信息的同质、刻板、疏远等固有认识，赋予信息更多的活力。

2. 新媒体广告的生产方式

传统的信息生产，是无法通过一两个人，依靠单打独斗的方式完成的。一个有影响力的精英信息的产生，势必通过专业化团队，严格按照传统的采集、加工、整理、包装这样一个复杂又固定的程序进行生产。在新媒体时代，信息生产的专业化不再是信息影响力的必要条件，信息素材的出现可能变得更加偶然，人人都能发现信息；素材的加工等变得更加便利和多元，人人都可以制作与发布；信息不再统一需要细致完整的包装，人们喜欢看到更加鲜活、更加与众不同的东西。这些变化都在告诉我们，信息的时效性、互动性、个性化等都在左右着它的传播，而这些恰恰都是新媒体传播的主要特征。

3. 新媒体广告的呈现和传播方式

新媒体环境下信息的呈现更加多元化，各种形式优势互补。比如，电子杂志，除了展现传统杂志的必要图文外，为了扩展感官体验，也会融入一部分视频、音频、动画等，满足用户的各种需求。

传播方式上，新媒体给予受众更多的自由选择信息的机会。信息变得更加零碎、更加多元，以便于满足受众的个性化需求，把曝光与传播的主动权交给受众，允许受众订阅、订制，或者鼓励他们进行转发、评论等互动行为。

在新媒体媒介与传播特征、广告本质属性等的共同作用下，新媒体广告的概念才丰满起来。所以，在考查新媒体广告概念的时候，不能孤立地、单个地进行解读，应该把概念置放在特定的媒介环境、传播环境中，有逻辑地、动态地进行解读。

（三）新媒体广告的主要特点

新媒体广告相对于传统媒体广告而言，最大的特点在于广告内容的丰富性和多样性，广告表现的交互性和参与性，广告传播的精准性和持续性，广告效果的可测性。

1. 广告内容量的丰富性和质的多样性

新媒体的数字化和开放性特点，决定了新媒体广告在内容上具有量的丰富性和质的多样性。具体表现如下。

第一，广告信息数量巨大（可扩展性）。新媒体广告以数字化的方式进行开发、存储，基于国际互联网络进行传播，突破了地区、国家之间的界限，可以24小时不间断地传播信息，决定广告在数量上是传统广告无法比拟的。同时，新媒体广告利用超链接技术，在一个广告链接的后面，对应着系统的、立体化的企业宣传信息或广告活动。

第二，广告内容涉及领域广（广告门槛低）。在传统大众媒体时期，广告的门槛较高，一般只有具备较强经济实力的企业才会在报纸、电视台发布广告。而新媒体时期，媒体多元化、广告投放形式多样化和发布方式的便捷化，使得广告投放门槛降低，普通大众可以随时随地进行广告信息的投放和发布。

第三，广告表现形式多样。一方面，新媒体广告利用数字技术和网络技术，将文字、声音、图像、动画、超链接等表现形式进行全面融合，容易进行个性化的广告创意；另一方面，媒介产业的多元化，使得广告表现不拘一格，不同的广告平台对于广告有其适配性，文字广告、图形广告、贴片广告、植入广告等，在不同的广告平台上有不同的表现方式。

2. 广告表现的交互性和参与性

新媒体的互动特征，使得新媒体广告有了进行交互设计的基础。新媒体广告的交互性表现为多个方面。

第一，大部分新媒体广告不仅仅是静态的图文展示，用户通过点击广告可以进入下一级页面，或参与更多活动，或注册成为会员，或直接点击下单购买，或进一步分享信息等。

第二，还有一部分新媒体广告本身就是一个趣味性的互动游戏，在游戏中找到与产品的结合点，并通过互动性的设计，吸引用户兴趣，或者在与受众的互动过程中慢慢释放出全部信息。

第三，对于手机类新媒体而言，互动性元素更为丰富，可以通过即时发送短消息、拨打电话，扫描二维码等参与互动，还可以对广告信息进行评论、转发等。

3. 广告传播的精准性及持续性

第一，广告发布的实时性。新媒体广告不仅信息传播迅速及时，而且可以实现随时制作随时发布，同时，广告发布者也能根据情况变化及时更新广告信息，非常有利于广告时机的精准把握。

第二，广告目标的精准性。大数据主导下的广告投放，基于海量的用户资料收集和强大的数据分析技术，可以实现广告目标的精准性。根据广告主要求向不同类型的用户进行精准广告投放，实现广告的高度个性化和分众化。人们在浏览网页时常常会发现，页面上显示的广告信息，总是与自己之前浏览或查询过的产品内容"不谋而合"，这就是新媒体广告的精准性投放所致。

第三，广告受众参与传播。在传统媒体时期，受众一般是被动接受广告信息，对于媒体中刊播的广告，受众只有选择看或不看，听或不听的权利。同时，对于广告信息而言，其传播为一次性行为，尤其是广播广告和电视广告，一则广告的播出意味着一次广告活动的结束，受众无法重温广告信息，更无法对广告信息进行反馈和二次传播。但是新媒体背景下的广告传播活动包含着更深层的传播规律，受众不仅可以根据自身需要检索广告信息，而且可以参与广告互动，成为使用体验的分享者、广告信息的二次传播者。受众的参与性，使得新媒体广告的传播不是一次性行为，而具有长效性。

4. 广告效果的可测性

广告效果的可测性，表现为如下几方面。

第一，访问数据的可测性。传统媒体以发行量、收视率、收听率等作为广告效果的测量指标，而现实情况是，看过报纸的读者、收看电视的观众并不一定会看过广告，因此，传统媒体的广告效果测量其实只是一种粗放型估量。而新媒体中，既可以通过访客流量系统统计出相应网页的浏览量，点击者的地域分布、点击时间都清晰可辨，这些均可作为广告效果的重要测量指标。

第二，营销效果的可测性。随着电子商务、互联网金融及物流业的迅速发展，通过网络购物已成为现代人的一种重要购物方式，广告与营销平台进行关联，在电脑或手机上看到一则广告，如果对广告产品或服务感兴趣，即可方便快捷地实时完成产品购买。近年来，随着新媒体的迅速发展，新媒体的触角已经遍布社会生活的方方面面，新媒体广告逐渐以后来者居上之势，冲击和分流着传统媒体的广告市场。但是由于新媒体的开放性，其存在与生俱来的不足。比如，广告内容的质量参差不齐、广告的真实性和准确性难以保障、以及用户隐私泄露等问题。因此，在利用新媒体进行广告营销时，必须充分考虑到这些潜在风险，并采取相应的措施来确保广告的有效性和用户的权益。同时，对于营销效果的测量和评估也需要更加精确和科学，以便更好地指导广告策略的制定和调整。

二、新媒体广告的传播本质表现

随着科技的飞速发展和互联网的普及，新媒体广告已经成为当今社会中不可忽视的一种营销手段。新媒体广告具有独特的传播本质，深刻影响着信息的传递和消费者的观念。在这个数字化时代，了解新媒体广告的传播本质对于广告主和消费者都至关重要。

第一，新媒体广告的传播本质体现在其高度互动性和即时性。相较于传统媒体，新媒体广告更容易与受众建立实时的互动关系。社交媒体平台、搜索引擎和在线论坛等新媒体渠道，为广告主提供了更多的机会与消费者进行直接沟通。这种互动性使广告不再是单向的信息传递，而是构建起一种品牌与消费者之间的双向沟通桥梁。消费者可以通过评论、点赞、分享等方式参与到广告内容中，从而形成更加丰富、立体的传播效果。

第二，新媒体广告的传播本质表现在其强大的个性化订制能力。通过大数据分析和人工智能技术，广告主能够更加精准地了解受众的兴趣、需求和行为习惯。基于这些数据，广告内容可以被个性化地订制，使得广告更具针对性和吸引力。个性化广告能够更好地满足消费者的个性化需求，提高广告的点击率和转化率，从而实现更有效的传播效果。

第三，新媒体广告的传播本质体现在其跨平台性和多媒体性。与传统媒体局限于单一平台和传播形式不同，新媒体广告可以通过多种渠道和多种形式传播。无论是在社交媒体上发布图文并茂的广告，还是在视频平台上推出生动有趣的广告片，新媒体广告具有更大的传播空间。这使得广告主能够更灵活地选择适合自己品牌形象的传播方式，更好地适应不同受众的消费习惯。

第三，新媒体广告的传播本质还表现在其强调用户体验和情感共鸣。随着用户对广告的审美和体验要求不断提高，广告主在设计广告内容时更加注重情感元素的融入。通过讲述感人的故事、展示生动的画面，广告能够引起受众的共鸣，激发情感共鸣，从而更深层次地影响受众的购买决策。

总之，新媒体广告的传播本质体现在高度互动性、个性化订制能力、跨平台性和多媒体性，以及强调用户体验和情感共鸣等多个方面。这些特点使得新媒体广告在当今数字化时代具备更大的传播潜力，为广告主提供了更广阔的营销空间。然而，随着新媒体广告的不断发展，广告主需要不断创新，适应消费者的变化需求，才能更好地发挥新媒体广告的传播优势。

三、新媒体广告的主要传播模式

（一）新媒体广告传播模式的一般特点

1. 传受的界限不再明确

新媒体广告传播中，广告主与受者之间的界限不再是明确的，广告主的角色和定位发生一定的变化。比如，在新媒体广告传播活动中，广告主只是整个广告传播途径的一个组成部分，它不再占据绝对领导地位，同时，受者也不再是完全被动局面，也可以充当广告主的角色。

对于市场环境中的广告主来说，由于新媒体的技术性和精准性，使其能够更大效率地管理与精准投放广告，增加与目标消费者互动的可能性。利用信息传播的互动性，广告主也会根据受者的更快反馈来改进广告传播信息，使信息在传播上平等，形成良性的互动空间，提高广告效果。

2. 传受的地位逐渐平等

随着新媒体的出现，传输是双向、多个维度的，受者可以自我选择。在新媒体广告的传播过程中，受者拥有广告信息的自主选择权，同时，新媒体给受者和传者之间搭建了一个信息反馈的平台，使传者可以根据受者的意见反馈来进行信息调整和传播工作。调整后的媒体内容可以有效引导受者的消费行为，使新媒体广告的传播更具效力和实用性。同时，在传播效果上不再受时间和空间的束缚，使得受众接收到的信息量更大。

3. 传播媒介的多样性

新媒体广告由于自身的技术性、媒介的多样性和平台渠道的多维性，突破了传统媒体在时空上的限制以及受众群体的限制。新媒体广告依托网页、移动 App

等全天候地不间断向目标消费者推送广告信息，将广告主和消费者紧密联系起来。新媒体广告对消费者来说，可以为其带来更全面的消费体验，包括产品、服务与品牌等方面。同时，新媒体广告对广告主来说，可以更好传递产品和品牌信息，使品牌传播达到最佳效果。新媒体广告以图、文、声、像的形式，传送多感官的信息，进而使整个传播更加高效，信息宣传更具多元性，信息反馈更具时效性。

（二）新媒体广告传播模式的运作

传播是以受众为导向，以各种媒介为载体的，由此，新媒体广告传播模式的揭示，就需要从受众对广告信息传播的接受探索和传播媒介的广告信息的传递探索开始。下面主要从圈层式传播、内容化传播及场景化传播三方面来介绍新媒体广告传播模式的运作。

1. 圈层式传播模式

在新媒体时代下，由于受众不再处于完全被动局面，他们可以根据自己的喜好和需求来选择自己的圈子。在圈子里，信息引入者负责分享各种信息以供其他人参考，并在一定程度上影响他人的行为决策。在营销过程中，把目标客户当作一个圈层，围绕目标消费群体的信息传递、体验互动等各种活动展开，进行精准营销。圈层营销的关键是找准目标圈子群体，同时，要求品牌重视核心的忠诚客户。

圈层式传播不同于传统广告模式的强硬入侵式传播，而是在圈层内部自发传播，这种带有种草性质的分享式传播更易于让受众接受广告信息。同时，圈层式传播也对新媒体广告传播提出了挑战，由于圈层的细分化程度增加，圈层受众的个性也越来越强，广告主在进行消费者洞察时难度增加。另外，该广告模式并没有固定的模型加以分析，也就难以预测和估计其广告效果，且圈层式营销更易受消费者主观情绪的影响。

2. 内容化传播模式

在新传媒生态环境下，媒介融合趋势不断加强，受众对阅读体验也提出了更高的要求，新媒体的在线化、数据化、平台化使广告内容化成为必然的潮流。广告内容化即广告附带更多有用信息，包括与题材、剧情、热点信息的融合等，增强广告的可读性，使广告更具亲和力，同时，受众的可接受性也得到了提高。因此，也就出现了内容营销这种传播新模式。内容营销的前提是充分的消费者洞察或者说是围绕用户需求来开展，其强调任何内容的创作都必须和用户产生关系。

第一，精确化。网络公开的大数据，让广告投放方可以精准定位用户需求和准确投放。

第二，互动性。在新媒体广告传播下，传者与受者是平等的，并无绝对权威。传播是双向的、平等的。所以在内容营销的传播环节中，传者和受者并没有明确的角色定位。新媒体广告内容的载体会随着不断变化的媒介形式而改变，内容的形式也会随着人们诉求的变化而有所差异。

3. 场景化传播模式

场景营销是指企业在移动互联网和场景技术的支持下，通过场景分析与消费者进行沟通，目的在于激发消费者的场景感并引导消费行为。场景营销在技术和数据的加持下已经成为广告营销增长新趋势。

从企业方来看，有助于分析场景信息，识别消费需求，发现细分市场。同时，帮助企业明确场景需求、产品服务再定位与创新。

从消费者一方来看，场景会刺激感官认知与引发情绪体验，有利于明确品牌形象与加深情感认同。

从技术需求来看，场景会重构消费者与品牌的关系。同时，融合品牌、社会化媒介与消费需求，强化消费者与品牌的连接。

总之，我们在研究新媒体广告传播模式运作时需要注意，广告的最终目的仍是刺激目标消费者的购买欲使其进行购买行动。广告传播模式在原有的基础上得到了很多发展，也出现了一些新的模式。在受众选择上利用大数据进行精准分析，通过互动来刺激受众兴趣，通过体验来获得受众好感。在广告媒介投放上通过受众的图像和其他采集，再加上大数据、算法推荐等技术来筛选该受众适合的广告类型和广告呈现方式，从而有针对性地对其进行精准广告投放。广告业在新媒体时代一直在实现自身的不断突破与发展，因此，无论是广告从业者还是业界学者，都应关注新媒体时代下的广告传播模式运作研究。

四、新媒体广告的传播格局拓展

新媒体广告的传播非常注重吸引受众注意力，从广告内容的确立、表达到表现，要处处出新、处处出彩，就是创意之上。只有这样才能让自己的产品和服务在众多的供方市场中脱颖而出。

（一）分析受众，找准广告的定位

在新媒体广告中，用户可以通过多种渠道获取信息，例如，社交媒体、搜索引擎、移动应用等。因此，了解用户的偏好和行为是成功传播广告的关键。通过数据分析和用户调研，广告商可以深入了解用户的兴趣、需求和购买习惯，从而有针对性地制定广告传播策略。

找准广告的定位也是确保广告传播有效的重要因素。广告的定位涉及产品或服务的特点、目标受众以及市场竞争情况。通过明确定位，广告商可以更好地吸引目标受众，提高广告的曝光率和点击率。定位的准确性直接决定了广告是否能够引起用户的兴趣和共鸣，进而促使他们采取进一步行动。

在新媒体广告的传播途径中，社交媒体平台是一个不可忽视的环节。社交媒体具有庞大的用户基数，而且用户在这里分享和获取信息的行为频繁。因此，广告商可以通过在社交媒体上投放广告，将品牌和产品信息传播给更广泛的受众。在社交媒体上，广告的内容需要具有分享性和互动性，以引起用户的关注和参与，进而提高广告的传播效果。

另外，搜索引擎优化也是新媒体广告传播的重要途径之一。通过优化网站内容和结构，使其在搜索引擎结果中排名更靠前，可以增加用户发现广告的机会。关键词的选择和网站的质量都影响着搜索引擎排名，因此，广告商需要不断优化网站，以提高在搜索引擎中的曝光度。

针对不同消费群体，提供量身定做的产品信息，不断增强客户的认同度、美誉度、忠诚度，并形成品牌消费。并利用网络技术工具，分析整合客户信息，做出前瞻于市场的战略定位，创新经营、策略经营、细化经营。

（二）科学的预算，对受众的定位

现在，"受众本位"已经成为媒体传播中的基本准则，更加强调以人为本，以消费者为导向、以受众为核心、以目标市场为定位。这就要求我们对受众和市场进行精准的细分和准确的定位，对目标受众的诉求和消费需求、对市场的前景做出正确的预测和判断。

提高新媒体广告信息传播的有效性，这是抓住受众和市场的必然要求，也是新媒体环境下商家的必然选择。因此，在新媒体广告主必须采取整合营销的传播策略，进一步强调以消费者为导向，了解他们的真实需求、心理需求、预期需求、消费需求，真正将受众放在传播的核心位置，想其所想、思其所思，真正做到情为消费者所系，利为消费者所谋，实现广告主、媒体、消费者的共赢局面。

新媒体广告营销归根到底是一种商业利益行为，科学的预算可以有效规划媒体广告经费的使用。移动性、多层级、个性化是当代受众新生活形态的重要特点，广告主要有效利用新媒体的优势，尽最大能力为其提供高效传播、互动丰富、个性化强的优质服务，将受众新生活形态的特性与产品、品牌特性完美匹配，针对特征群体、特定生活轨迹、特殊营销情景，让广告精确地击中目标受众，达到科学地、合理地、充分地降低传播成本的目的，实现最佳的整合营销盈利模式。科学的广告预算是广告活动中保证组织、协调和控制广告计划顺利实施的最佳手段。

（三）选准广告主题，提高创新意识

创新是一个民族、一个国家、一项事业的灵魂。新媒体广告要抓住广告作品的灵魂，要突破以往的表述方式，要精准地把握广告主题要说明的基本问题，要精准地把握目标受众的群体，要精准地把握广告诉求点。广告作品的灵魂像一根红线贯穿于广告之中，是广告的核心概念。广告的表述方式要最大限度地有利于消费者理解和接受，能在最短的时间内吸引消费者的眼球，传达广告的核心意图。广告主题所要说明的基本问题就是广告作品的灵魂，就是广告产品的精髓，就是我们需要消费者接受并触发消费者购买的一种营销理念。

目标受众的群体是具有差异性的，我们要根据所针对的目标群体的物质需求和精神需求，准确地制定广告诉求点，形成明确的广告主题表达。广告诉求点就是要让消费者能更好地接受广告主所要表达的广告主题，最大限度地引起人们对主题的关注、对商品的关注，进而产生消费行为。为此，要尽其所能让广告主题具有显著性、简洁性、整合性、风趣性、创新性等相关特征。广告主题应该具有鲜明的特色，让消费者过目难忘、入脑入心；广告主题应该简单明了、通俗易懂，便于不同层次、不同群体的消费者理解和接受；广告主题应该保持信息传播过程的连续性，要注意长期累积，保持广告信息的内在统一性与外在连续性；广告主题应该风趣幽默，通过情感沟通与消费者建立密切的互动关系，产生情感的共鸣，形成对产品的信任感。

广告主题应该保持"四新"（新形式、新内容、新手段、新创意），通过形式的创新让受众眼前一亮，做到一分钟吸引人；通过内容的创新让受众心头一震，做到三分钟抓住人；通过手段的创新让受众脑袋一热，做到五分钟打动人；通过创意的创新让受众久久难忘，做到永远成为自己人，最终实现广告主题的情感迁移，使消费者的情感变为购买行为，最终实现对品牌甚至企业文化的认知和忠诚。在媒体广告传播中，世界上众多知名品牌和企业无一例外地实践着这一制胜策略。

（四）利用娱乐化进行传播

在新媒体广告中，新媒体资源及相关产业的一个重要传播手段就是娱乐化传播，与传统媒体相比，软吸引已经逐渐替代硬灌输，对受众的传播已经从告知、诱导、劝说变为互动式的娱乐，在受众进行日常娱乐时广告信息已经潜移默化被受众所接受，并触发受众的消费行为，进而形成品牌偏好。产品信息、品牌文化、营销目的都得到了有效传播和成功实践，让受众在娱乐状态下产生正面情绪，形成积极引导，让消费者更多地感受到以人为本，避免了过去那种粗放式、灌输式、生硬式的广告传播。

（五）重视互联网的口碑效应

在新媒体时代背景下，网络传播越来越碎片化、具象化、清晰化，但作为传统的、口口相传的口碑传播模式仍然占有一定的市场，仍然具有深厚的影响力，商家在目前仍然需要重视这种传播手段，发挥互联网口碑效应与传统口碑效应的比较优势。因此，在新媒体广告传播过程中，企业要充分重视运用互联网技术工具，通过各种方式分析、整合，并最终得出消费者的真实消费感受，更要联系相关的意见领袖和大 V，利用他们的口碑力量和效应，实现消费群体的触发性消费，实现企业营销目的。

（六）提升社会责任感，强化公众监督意识

广告传播行为本身就是面向社会的一种群体行为。这一过程中的任何主体要素都有责任维护行业的良性发展。社会责任感不能仅仅依靠政府职能部门的监督和管理，广告从业者应发挥行业自律，也应进行严格的自我审查，自觉抵制、坚决杜绝违法违规广告的传播。另外，通过对举报违规广告者提供一定形式的奖励措施，提升受众监督的积极性，在全社会共同构建并维护一个清朗的广告传播环境。放眼未来，新媒体广告形式传播前途光明；着眼当下，对媒介产品的正确理解和有效整合，都需要我们对媒体广告形式进行高效的运营。只有这样，我们才能充分发挥新技术优势，适应广告传播的新媒体环境，取得最终的胜利。

第三节　网络直播的传播特性与创新突破

网络直播新闻是新型新闻样态，其快速发展推动了媒体的融合发展。但在技术驱动下，以及流量的追求下，网络直播新闻也存在内容质量低、缺乏公共性及过度依赖技术等问题，在一定程度上制约了网络直播新闻的发展，主流媒体必须不断创新，转变思维，突破这些限制。

媒介融合发展已经成为传统媒体谋求生存及发展的必然选择，各家媒体的融合破解之道各不相同，而自动直播、电视直播与短视频直播的融合是当前各家媒体融合发展的共有模式，由传统的大屏传播转向小屏伴随的网络传播模式，推动主流媒体更好地在移动网络上主动发声。此网络直播新闻不仅拥有网络直播属性，也呈现出传播的自主性，具有电视直播新闻的优势特征和网络场景化视觉特征，给受众带来独特的沉浸式体验。本书以网络直播新闻的特征为切入点，探讨其创新与突破路径。

一、网络直播的新闻传播特性

（一）报道主体更加多样化

与传统广电媒体的新闻直播相比，网络直播新闻的传播已经打破了传统的新闻制作限制，报道主体更加多样化和宽泛化。正因其传播主体不同，可以将其直播模式分为 PGC 直播模式、UGC 直播模式和当事人的直播等模式，其中，PGC 模式的主体是专业新闻机构，UGC 模式的主体是直播平台用户，当事人直播的主体是新闻事件的当事人。从专业新闻机构这一传播主体来看，此网络直播新闻的传播模式具有传统专业新闻媒体的人才与技术优势，拥有一批素养高、专业能力强的记者，能够全面系统地观察直播现场，为受众提供全面而真实的感官体验。在网络直播间提供的交流讨论可以降低记者的上镜压力，使其以轻松惬意的方式报道新闻。

专业新闻机构的直播内容通常是有计划、有组织的，其内容既有记者进行现场报道，又有主持人、与新闻事件相关的学者、专家等去解读直播内容，以引导受众，给其带来便捷而直接的观看体验。而用户直播（UGC）模式则是用户通过传播平台直接开展直播活动的一种直播方式。

新闻事件当事人进行的直播与主流媒体的网络直播和网络主播们的直播明显不同，新闻事件当事人开展的直播多是发生重大事件时其在现场进行的现场实况直播，也可能是事件结束后进行的个人网络直播，或发生新闻事件后多方媒体对其进行专业化有组织的参访节目的直播。在此直播过程中，用户个体能够与受众直接互动交流，并能回复受众提出的问题，相较于主流媒体开展的专业网络直播新闻，用户个人直播能够与网络直播中受众的互动显得更加亲切，主播的回答也会更加接地气，能够更好地拉近与受众的心理距离。

（二）传播的内容丰富，传播的渠道特色凸显

电视新闻直播会受到频道数目、时间段等的限制，节目直播时长相对短，所以电视新闻直播内容通常是详细策划和精心挑选的，如大型庆典活动、体育赛事、重要会议等。而在融媒体时代，新闻直播已经转变为移动直播和网络直播，单个传播平台会提供数千个直播间，受众很容易选择一个直播间进行观看。所

以，网络直播新闻的内容也不只是广受关注和新闻性超强的新闻事件，其内容更丰富多样，涉及多个方面。

从传播渠道来看，融媒体时代网络直播新闻传播渠道具有独特的特色，网络直播、移动端直播成为直播新闻的主渠道，使新闻报道的传播时效性更鲜明，效率更高，用户能够随时随地收看各地的新鲜事。这是传统媒体直播无法比拟的。传统媒体直播新闻要多角度地进行现场拍摄，且经精心制作后方能播出，耗时较长，主要是文字和图片方式的直播，无法满足受众对信息的完整性需求。但在网络直播环境中，受众能够随时观看视频直播，新闻主播能够在第一时间在现场为受众进行直播，进一步凸显新闻传播的时效性。

二、网络直播的新闻创新

（一）生产理念向场景化转变

与传统的直播新闻相比，网络直播新闻更接地气、更真实，且互动性较强。这是传统直播新闻无法实现的。网络直播新闻能够实时与受众进行交流，也能按照内容变化、网友意见随时改变直播内容，借助微信、微博、短视频等交互性场景化的模式传达受众的诉求。所以，网络直播新闻创新了传统新闻传播理念，使新闻传播由单一的产品传播转向内容、社交、服务和场景，内容呈现方式也更加丰富，受众不但能够随时随地观看直播新闻，并能实时点评和转发，其较强的实时互动性和参与性给受众带来极大的代入感与真实性，用户黏性更强。以政务官网为例，其已经成为传播和生产重大新闻的源头，而非简单地发布信息，是和事件同步传播的新闻场景和信源，其与受众的关系也由官民向服务型转变，在直播新闻时用户能够借助微信、微博及短视频等平台交互沟通，表达自己的情感与观点，社交性特征更加凸显，且其舆论引导方式也从信息灌输向场景浸润化的方向转变。在媒介技术赋能下，网络直播新闻理念及思维习惯被重构，从而建构了一个不同于传统直播新闻的信息场景，大大提高了用户的体验感和参与感。

（二）生产模式转向场景化和交互化

网络直播新闻内容生产主体主要是主流媒体（专业新闻机构）、网络平台、用户等，生产模式主要是专业生产 PGC 模式、用户个体生产的 UGC 模式等，各种生产模式互融互通，并延伸出融合型生产模式。同时，网络发展也催生出社群，场景呈递及用户生产内容成为社群内信息生成和流动的重要场景。UGC 生产模式下，网民已成为直播新闻的重要传播者和内容生产者，此生产方式打破了传统的参与者与围观者的区隔，使人的表达得到自由，自主性也获得了张扬。从网络直播新闻的 UGC 内容生产模式来看，网络直播新闻内容的形态、传播技术等极大地拓展了人类的自由度，使人的自主性和权利得到提高，推动了社会文化的流动性，人的社会性连接不断丰富和加强。网络直播新闻的这些创新推动着新闻生产不断迈向场景化和交互化。

（三）实现了意义与对话的互构

网络直播新闻的主要优势特征是具有超强的互动性和接地气、真实，但从网络直播新闻的技术驱动视角来看，网络直播新闻中的伴随式场景就是对内容的创新。这种场景打破了传统直播新闻现场的局限，使其空间更加广阔。实现此空间切换的前提是智能技术、智能手机的普及，所以能够全景呈现直播现场，而且网络直播新闻也从第一人称视角展开叙事，给人以真实感、亲切感，深得用户关注。不管是网络直播新闻，或是电视直播新闻，受众需求心理的动力均源自对事件不确定性的期待，网络直播新闻的第一人称视角将此期待代入相关空间及更广阔的事件中，此代入过程也使用户的视觉、知觉经验更加丰富。因此，用户能够根据其所感所见带来的体验而产生亲临感。

当前，许多主流媒体借助 VR/AR 技术打造全息、立体化的第一现场呈递模式，用户只需认证客户端就能直击直播现场，此强烈的伴随式场景呈现模式与在场体验感，拓展了网络直播新闻类别，使网络直播新闻具有了较强的社交属性，与伴随式场景及信息流动相伴的还有意义与对话的互构，此互构是用户的场景体验，也是新闻内容的自身。

三、网络直播新闻的突破路径

（一）推动内容生产的优化

网络直播新闻的最大问题是缺乏优质内容。网络直播新闻是商业平台、自媒体和传统媒体的融合。所以，在现在的技术语境下，不管是主流媒体的传统传播事实和价值输出，或自媒体输出的观感及展示现象，都离不开商业直播平台，满足其流量规则，并缺乏自主性。网络直播新闻的场景创新也由此沉沦流量中，过度依赖感官体验的创新，无法坚持内容为王的生产原则。也正因其优质内容的缺失，导致趣直播、内聚直播、微播、美瓜直播等平台被关闭。内容是赢得受众关注的关键，若直播内容质量差，势必会流失用户并关闭直播。

所以，网络直播新闻的创新发展必须借助 5G 技术，进一步优化其内容生产空间，在直播突发事件及纪实直播上创新内容。

（二）强化网络直播新闻质量

网络直播新闻，特别是一些"网红"网络直播内容的监管尚不完善，舆论引导力差，缺乏公共性，严重影响了网络直播新闻的健康发展。网络直播新闻借助商业传播平台，并拥有伴随式冲击及公共性等固有品格，在用户画像和平台算法等技术赋能下，实现了垂直分发和精准传播，但却忽略了新闻的公共性。比如，融媒体环境中，网络直播新闻的把关人权利发生变更或转移，用户仅需一部手机和一个账号便能分发信息和接收信息，无法保障新闻的信源，导致虚假信息泛滥，致使媒体公信力不断降低，舆论引导力弱化，舆论失控的风险不断加大。

同时，网络直播新闻场景进一步打破了私域与公域的界限，给新闻实践的公共性带来严重冲击，使舆论引导难度进一步加重。所以，网络直播新闻引导舆论走向必须内外兼修，外在层面上，要坚持先审后发、及时阻断的原则，严审网络直播平台的资质要求和资格。内在层面上，要注重新闻质量的提高，实现调查性网络直播新闻发展的常态化，对新闻人物及事件进行多层面、多角度的追踪报道，对事实真相进行还原，对网络直播新闻品格进行培育，以有效引导舆论。当前，一些主流媒体对此进行了有益探索。

（三）摆脱对技术的过度依赖性

网络直播新闻的生产及呈现中，技术的作用更加重要。如果网络直播新闻过度沉浸在伴随式场景的呈现，而脱离新闻内容的客观性，必将制约网络直播新闻的发展。为此，要辩证地看待技术，技术的发展是基于生命的解放和舒适的，同时，也受到生物学规则的制约，每项技术对人的生物学需求进行延伸的同时也会受到生命发展的制约，不能过度发育。网络直播新闻打造的伴随式场景呈现，目的是向用户打造良好的感知体验，这种技术对人生物学机体的延伸也应以生存和生命为立足点。

然而，技术不得过度发育和脱离生物学法则，技术自身的本质功能决定着其具有无限延伸性，使其具有了两面性。VR 直播在延伸人的感官功能的满足和释放时，对打造伴随式体验性场景的沉浸技术过度依赖，不能保证其客观性。同时，如果用户已非局外人，是新闻事件的当事人或目击者时，此时的直播新闻就存在人为可操控性、个体性和叙事的主观性，直播新闻的客观公正、全面真实性也会被弱化，甚至存在搁浅危险。在此风险中，秉承新闻内容的专业理念，摆脱对技术的过度依赖，则是网络直播新闻打破局限的主要路径。在融媒体环境中，网络直播新闻要摆脱过度依赖技术的现象，基于新闻品质进行创新，方能推动网络直播新闻的健康发展。

总之，网络直播新闻是技术驱动下的伴随式的场景呈现模式，是新型的新闻形态，已成为主流媒体提高融合竞争力的重要路径。在任何时候，优质内容与高端技术都是媒体的竞争力，但也不能忽视技术带来的负面问题，不过度依赖技术，在创新和坚守中推动网络直播新闻的发展。

第四节　基于新媒体的短视频制作及传播路径

随着新媒体时代的到来，短视频成为人们获取信息、娱乐休闲的重要方式。从技术角度出发，探讨短视频制作的技术要点以及短视频在新媒体环境下的传播路径。首先，通过制作前的准备工作为短视频制作打下基础。其次，通过拍摄技巧与工具选择，提高短视频的质量与吸引力。最后，利用后期制作与特效技术增加短视频的艺术性与创意性。

在互联网时代大背景下，新媒体逐渐取代传统媒体的地位，成为人们获取信息和娱乐的主要渠道。作为新媒体的一种形式，短视频逐渐形成了简单、有趣的特点，迅速吸引了大量的用户。

一、短视频的制作要点

短视频的制作要点包括制作前的准备工作、拍摄技巧与工具选择以及后期制作与特效技术等方面。

（一）制作前的准备工作

制作短视频之前，首先需要进行准备工作，包括制定创意与故事线、确定目标受众及拍摄地点与时间等。

1. 制定创意和故事线

制作一部成功的短视频，首先要有一个好的创意和故事线。创意和故事线是短视频的灵魂，决定了短视频的内容和表达方式。创意来自生活中的点点滴滴，可以是一个有趣的故事、一个突发的灵感，也可以是一个社会问题关注点。制定创意和故事线，是制作一部成功的短视频的第一步。

2. 明确目标受众

制作短视频之前，需要明确短视频的目标受众。不同的受众群体对于短视频的需求和喜好是不同的。例如，年轻人更喜欢有趣、活泼的短视频，而商业人士更关注实用性和专业性。明确目标受众，帮助制作人更好地把握短视频的风格和内容，提高短视频的传播效果。

3. 确定拍摄地点与时间

制作短视频时，选择合适的拍摄地点和时间是非常重要的。拍摄地点需要与短视频的内容和主题相符，要能够提供良好的拍摄效果和视觉效果。拍摄时间也需要根据短视频的内容和风格来确定。比如，如果短视频的主题是夜景，那么选择在夜晚进行拍摄会更加合适。

（二）拍摄技巧和工具选择

短视频的拍摄技巧和工具选择，对于短视频的质量和观赏性有着重要的影响。

1. 拍摄角度和镜头运动

拍摄角度和镜头运动是短视频拍摄的基本要素之一。选择不同的拍摄角度和镜头运动方式，会给观众带来不同的视觉体验和观看感受。选择低角度拍摄，能给人一种强烈的视觉冲击；选择高角度拍摄，则给人一种俯瞰的感觉。不同的镜头运动方式，如推进、拉远、旋转等，能够增加短视频的动感和视觉效果。

2. 灯光和色彩搭配

灯光和色彩搭配是短视频拍摄的重要考虑因素。合理的灯光设置和色彩搭配，能够提升短视频的观赏性和艺术性。使用柔和的灯光，可以营造出温馨、浪漫的氛围；使用强烈的灯光，则能给人一种紧张、悬疑的感觉。色彩的选择和搭配可以表达出不同的情绪和主题。使用明亮的色彩能够表达出活力和快乐，使用暗淡的色彩则能表达出忧郁和沉重。

3. 拍摄设备和软件选择

选择合适的拍摄设备和后期制作软件是短视频制作的关键。拍摄设备的选择需要根据短视频的需求和预算来确定。对于专业的短视频制作团队来说，他们可能会选择使用高端的专业摄像机和配套设备。对于个人短视频创作者来说，使用智能手机或入门级摄像机已经足够。后期制作软件的选择需要根据短视频的特点和个人的操作熟练程度来确定。有些制作软件提供了丰富的特效和编辑功能，适合专业的后期制作。而有些软件仅提供了简单易用的功能，适合初学者使用。

（三）后期制作和特效技术

后期制作和特效技术是短视频制作不可或缺的一部分。后期制作和特效技术的运用，能够进一步提高短视频的质量和观赏性。

1. 视频剪辑和音效处理

视频剪辑是后期制作最基本的环节之一，剪辑不同的镜头和画面，将原始素材组织成一个完整的故事。音效处理也是短视频制作的重要环节，通过添加合适的音效和背景音乐，增强短视频的氛围和情感表达。

2. 特效和动画制作

特效和动画制作是后期制作的高级操作，添加特效和动画，给短视频增加一些有趣的元素和视觉效果。例如，通过添加特效可以实现画面的变形、分裂、消失等效果，添加动画可以实现物体的移动、旋转及缩放等效果。

3. 色彩和调色处理

色彩和调色处理是短视频后期制作的重要环节。调整色彩和色调，可以改变短视频的整体色彩风格，增加短视频的艺术性和观赏性。例如，调整亮度、对比度和饱和度等参数，可以使短视频的色彩更加鲜艳、明亮，或者更加柔和、低调。

二、基于新媒体的短视频传播路径

将短视频传播出去并取得良好的效果，与短视频的制作同样重要。在新媒体环境下，短视频的传播有着自己的特点和规律。下面将介绍短视频传播过程中的平台选择、传播策略及传播效果评估三方面的内容。

（一）短视频平台的选择

在新媒体环境下，短视频平台的选择对于短视频的传播效果有着重要影响。下面将介绍主流短视频平台的特点，分析不同平台的受众群体。

1. 选择主流短视频平台

目前，市场上存在众多短视频平台，如抖音、快手及微视等。这些主流短视频平台各具特点，拥有不同的用户群体，用户有不同的行为习惯。短视频制作者应该根据自己的目标受众群体和内容特点，选择合适的短视频平台进行传播。

2. 不同平台的特点和受众群体分析

抖音平台的用户主要是年轻群体，喜欢时尚、音乐和综艺内容。抖音平台的特点是音乐背景、剪辑手法和特效的运用。快手平台的用户群体相对广泛，内容涵盖了生活、才艺及美食等各个方面。快手平台的特点是真实、自然和生活化的内容。微视作为腾讯旗下的短视频平台，与微信关联度较高，用户主要是微信用户，内容涵盖了生活、娱乐及游戏等多个方面。

（二）短视频的传播策略

在新媒体环境下，短视频的传播策略是短视频制作运营的关键。下面将介绍确定目标受众群体、制作符合受众需求的内容以及确定合适的发布时间和频率三方面的内容。

1. 确定目标受众

确定目标受众群体是制定短视频传播策略的第一步。了解目标受众的特点和需求，更好地满足他们的期望，才能增强短视频的传播效果。例如，如果目标受众是年轻人，可以选择活泼、轻松的内容；如果目标受众是中青年，可以选择有深度、能思考的内容。

2. 制作符合受众需求和喜好的内容

制作符合受众需求的内容是短视频传播策略的核心。制作者应研究受众的需求和喜好，制作出观众喜欢的内容，增加短视频的观看量和分享量。例如，可以根据受众的兴趣选择合适的主题和故事，根据受众的审美选择合适的画面和音乐。

3. 确定发布时间和频率

确定合适的发布时间和频率是短视频传播策略的重要一环。研究受众的上网习惯和活跃时间，选择合适的发布时间，可以提高短视频的曝光率和观看量。短视频的发布既不能过于频繁从而影响观众的体验，也不能过于稀少从而影响短视频的传播效果。

（三）短视频的传播效果评估

对短视频传播效果的评估，是短视频制作和传播过程的重要环节。下面将介绍视频播放量、观看时长、点赞、评论和分享数量，以及用户互动和转化率等方面的评估指标。

1. 视频播放量及观看时长

视频播放量和观看时长是短视频传播效果的重要指标。观察视频的播放量和观看时长，可以评估短视频的受欢迎程度和吸引力。较高的播放量和观看时长意味着短视频的内容和质量得到了观众的认可。

2. 点赞、评论及分享数量

点赞、评论和分享数量是衡量短视频传播效果的重要指标。监测短视频的点赞、评论和分享数量，可以了解短视频在社交网络中的传播程度和受欢迎程度。

较高的点赞、评论和分享数量意味着短视频得到了观众的认可和喜爱。

3. 用户互动及转化率

短视频制作者还可以利用用户互动和转化率来评估短视频的传播效果。用户互动包括用户的点击、关注、私信等行为，转化率则是用户从观看短视频到完成某种目标的转化率，如购买商品、参与活动等。通过分析这些指标，短视频制作者可以了解到用户对短视频的参与度和转化率，从而优化短视频的传播策略。

第四章

新媒体运营的传播学视角研究

新媒体运营作为新媒体发展的重要组成部分，其成功与否直接关系到新媒体的整体发展。本章将从传播学的视角出发，深入剖析新媒体运营的相关理论、用户运营、内容运营和活动运营等方面，为新媒体运营提供科学的理论指导和实践方法，助力新媒体产业的健康发展。

第一节　新媒体运营的相关理论概述

一、新媒体运营的相关概念

单一从字面上理解，新媒体运营是指通过新媒体进行的运作与营销活动。从实践角度理解，新媒体运营是指通过一切新媒体手段，帮助产品或服务进行推广、促进用户使用、提高用户认知。以上理解都比较片面，本书将采用对新媒体和运营这两个概念进行界定并整合的方式，来阐释新媒体运营的基本概念。

（一）运营的演化过程和含义

运营常常被称为营销，但事实上，运营是包含营销在内，并超越营销的整个生产、服务、消费环节。在新媒体时代，运营应更注重于服务的整体流程。因此，下面将从运营概念演化的角度来解释什么是运营。

1. 运营概念的演化过程

美国思想家和社会学家丹尼尔·贝尔以技术为中轴，将社会经济的发展分成前工业社会、工业社会和后工业社会三个阶段。运营概念起源于后工业社会服务业兴起时期，随后西方学者把与制造业联系在一起的有形产品的生产称为"Production"（生产），而将提供无形服务的活动称为"Operations"（运营）。现在常将生产与服务、战略与管理整合称为运营。

2. 运营的含义

运营又称为生产运作。生产主要指以一定生产关系联系起来的人利用劳动工具，改变劳动对象，以适合人们需求的过程，即物质产品（有形产品）的制造过程。运作则是指社会组织把投入的有形或无形资源转化为服务（无形产品）和有形产品的过程。从一般意义上来讲，运营可定义为社会组织将其投入的资源转化、增值为社会用户所需要产品或服务的过程，这个过程既包括物质转化过程，即投入各种物质资源进行转换，也包括管理过程，即计划、组织、实施、控制等一系列活动。其本质是以最经济的方式可靠地实现产品或服务的功能，并创造出新的价值。

（二）新媒体运营的含义

结合前面对新媒体和运营概念的界定可以整合得出，新媒体运营是指社会组织通过采用网络技术、数字技术和移动通信技术进行信息传递与接收的交流平台（包括固定终端与移动终端），将其投入的资源转化、增值为社会用户所需要产品或服务的过程。从广义上来看，就是社会组织基于网络技术、数字技术和移动通信技术，通过互联网、无线通信网、卫星等渠道，向电脑、手机、电视机，以及各类数字化电子屏等终端传播信息的媒体形态，包括网络媒体、数字电视、IPTV、车载电视、楼宇电视和手机媒体等实施物质转化和管理的过程。

根据对新媒体运营概念的了解，不难得知，新媒体运营是一个涉及范围广泛，内容、形式更替快速的运营方法，对其分类和特点的界定必将会随着时代和技术的变化而转变。因而，本书中这两个部分解析，完全立足于当下的时代和技术环境。

二、新媒体运营的类型与特征

（一）新媒体运营的类型

新媒体运营类型繁多，运用平台多元，形式变化急速。就目前而言，新媒体运营基于媒介平台可分为微博运营、微信运营、App（Application 运用程序）运营、电子商务运营、社会化媒体运营等，基于媒介技术可分为 SEO（Search Engine Optimization 搜索引擎优化）运营、P2P（Peer-o-peer networking 点对点）运营等，基于生产方式可分为 UGC（User-generated Content 用户生产内容）、PGC（Professionally-generated Content 专业生产内容）和 OGC（Occupationally-generated Content 职业生产内容），基于不同层面可分为内容运营、用户运营和活动运营，基于运营目标可分为社区运营、社群运营等。这些运营类型将在本书的后面几个章节进行详细的解释和分析。

（二）新媒体运营的主要特征

随着技术的不断发展，我们不难看出，新媒体在各类社会组织中正不断取代传统媒体，成为一种更有效的运营方式。那么新媒体运营究竟有怎样的优势与特征呢？

1. 新媒体运营可以让消费者自主参与、互动销售

从传播理论角度来看，传统媒体营销是面向所有受众，采用大众传播方法，对广泛定义的大众群体进行传播。而新媒体运营则是面向每一个具体的消费者，采用人际传播方法，以技术为纽带，对每一个用户进行精准服务。

在新媒体时代，用户是市场的中心，消费者的需求直接决定着市场的导向。因此，运营主体只有在海量的信息中进行科学决策，精准运营，让用户（消费者）能够不断参与到运营过程中，才能完成用户转化，实现盈利。同时，用户通过自主参与与互动，需求也随之升级，对个性化、订制化的服务要求越来越高，从而也正向推进新媒体运营方式与技术的不断提升。

2. 新媒体运营可以有效降低营销成本

与传统媒体需要投入大量营销成本购买广告时段，建立、维护企业网站，雇用大量营销业务员不同，新媒体时代的运营主体（企业）有更多可选的营销渠道，且大部分渠道都是免费和开放的。例如，可以在百度上建立关键词，在豆瓣上定期推出话题，在微博、微信上发布产品信息，与用户实时互动等，为新媒体运营提供近乎零成本的条件。运营主体（企业）可以将产品（服务）信息传递

给某一消费者，再经由他借助社群力量转发，从而引起其他好友的关注和分享，实现数十万、数百万的幂次传播，引爆产品（服务）的销售。

3. 新媒体运营可以精准定位、满足个性化需求

与传统媒体相比，新媒体运营的最大特点就是能为消费者提供个性化、订制化的服务：搜索引擎的关键词推荐，电商平台的售品推荐，各类应用平台资讯推荐等。随着新媒体时代的发展，消费者的个性需求越发凸显，市场也根据消费者的个性需求不断地调整运营策略。加上大数据和移动互联网技术的发展，为运营主体获取消费者需求提供了便利，使精准定位、满足个性化需求的产品（服务）得以实现。例如，今日头条通过强大的人工智能个性化推荐算法，通过分析用户的 5 个兴趣，抓取其中的 2 个，给用户推送这 2 个兴趣方面的内容，然后为用户推送一些原来没点开的内容，测试用户的兴趣宽度，以保证信息的丰富性。比如，一个人喜欢滑雪，就为他推送新的雪具或者促销活动，同时，还会为他推送一些旅行、新闻咨询等内容。今日头条独特的定位，结合精准需求广告方式获得盈利。

4. 新媒体运营可以有效面对危机公关

消费者是一个个独立的个体，会产生不同于他人的需求，因此，在运营主体（企业）为其提供产品（服务）时，必然会出现令部分消费者不满的情况，特别是在新媒体时代背景下，用户（消费者）的个性化需求强烈，对产品（服务）有着独特的需求，同一产品（服务）会产生不同的需求效果。面对此类危机，新媒体运营有着传统媒体面对碎片化信息传播、回馈不及时、舆论控制力差等问题无法比拟的优势，可以通过智能技术在任何时间、地点及时回复用户需求，同时，还可以将员工及忠实用户组成群体对产品（服务）进行一对一贴心回馈等，让危机消失在萌芽期。

第二节　新媒体用户运营的流程及方法

一、新媒体用户运营的流程

在传统产业和 PC 互联网时代，运营主体并不拥有用户，用户的流量统一存放于大平台（例如，新闻网站、应用市场、搜索引擎和电商平台），大平台就扮演了具体分发用户的角色。因此，运营主体需要用户时就必须持续付费给大平台。但在新媒体时代，新媒体的交互特征让用户与运营主体之间开始产生追随关系，即运营主体可以自己拥有用户，并可以通过反复不断地将信息、优质服务传递给用户，来推动用户转化及自传播。因此，运营主体把对大平台的依赖转换成对自有用户的依赖，用户运营便成为新媒体运营的核心。

用户运营流程来源于"增长黑客"（Growth Hacker）理念[①]，一般来说，就是用户获取（Acquisition）、用户活跃（Activation）、用户留存（Retention）、用户转化（Revenue）、用户传播（Refer）的一个漏斗式循环模式。在这个漏斗中，被导入的一部分用户会在某个环节流失，而剩下的那部分用户则在继续使用中抵达下一环节，在层层深入中实现最终转化。

（一）用户获取

用户获取是指在确定目标用户群体后，最大限度地将他们转化成自己的产品（服务）的用户的过程，这也是用户运营中所称的开源或者拉新。用户获取的方法和策略通常有平台导入、流量截取、社群推广、内容推广、线上引流、线下地推等几种，具体的内容与方法将在用户运营方法中进行详细讲述。

（二）用户活跃

用户活跃是相对于"流失用户"的一个概念，是指要让用户积极使用产品

---

① "增长黑客"这一说法源于硅谷，最早在 2010 年由 Qualaroo 的创始人兼首席执行官肖恩·埃利斯（Sean Ellis）提出。在 2012 年 4 月安德鲁·陈（Andrew Chen）发表 *Growth Hacker is the new VP Marketing* 一文后引起业界的广泛关注与交流。

并积极参与跟产品和其他用户的互动。流失用户是指那些曾经访问过网站或注册过的用户，但由于对网站渐渐失去兴趣后逐渐远离网站，进而彻底脱离网站的那批用户。活跃用户用于衡量网站的运营现状，而流失用户则用于分析网站是否存在被淘汰的风险，以及网站是否有能力留住新用户。

用户活跃根据不同产品（服务）有不同的界定，有的产品（服务）只要在用户指定时间内登录或者启动一次，就算用户活跃，有的产品（服务）需要进行特定的操作才算是用户活跃。当然后者比前者更具有价值，因为它调动了用户的参与和互动。

用于表现用户活跃的指标称为用户活跃度，常见的有日活跃用户数 DAU，周活跃用户数 WAU（Weekly Active Users）和月活跃用户数 MAU。通常 DAU 会结合 MAU 一起使用，来衡量服务的用户黏性以及服务的衰退周期。

（三）用户留存

用户留存是指在互联网行业中，用户在某段时间内开始使用产品（服务），经过一段时间后，仍然继续使用该产品（服务）的行为，留存是一个用户使用长度和频道的指标，通常以留存率为核定标准，按照每隔 1 单位时间（日、周、月）来进行统计，计算留存下来的用户占新增用户的比例。用户留存和留存率体现了应用的质量和保留用户的能力，是衡量一个产品（服务）是否健康成长的重要指标之一。

公式：留存率=登录用户数/新增用户数×100%（一般统计周期为日）。

一般情况下，观察与统计一个产品（服务）的留存分别以次日、第 3 日、第 7 日和第 30 日为时间节点，它们的计算方法分别为，次日留存率：（当天新增的用户中，在第 2 天还登录的用户数）/第一天新增总用户数。第 3 日留存率：（第一天新增用户中，在往后的第 3 天还有登录的用户数）/第一天新增总用户数。第 7 日留存率：（第一天新增的用户中，在往后的第 7 天还有登录的用户数）/第一天新增总用户数。第 30 日留存率：（第一天新增的用户中，在往后的第 30 天还有登录的用户数）/第一天新增总用户数。

（四）用户转化

用户转化也可以称为用户变现，是指让用户进行消费，转化成付费用户。商业的本质是将用户需求变现。一款产品或服务，对其进行的一切运营，归根结底都是为了通过对用户需求的迎合与满足，采取适当的方式进行转化和变现。

用户转化是整个用户运营中最核心也是最困难的一个环节，其困难之处表现在并不是具有巨大用户量和用户活跃率的产品（服务）就能够获得相应的用户转化率。基本上，一个产品（服务）的用户转化率不能保证其正常的运营，就会导致亏损甚至破产。

（五）用户传播

用户传播是以人际传播理论为基础，应用社交网络完成依托用户关系的病毒式传播，这是目前低成本推广产品（服务）的全新方式，运营恰当可以引发幂次方增长，通常也被称为爆发式增长。

（六）用户回流

任何一款产品（服务）都会面临玩家流失，流失也是不可避免的用户行为。在用户运营中，召回已经流失的用户也是提高运营效果的一项重要指标。回流是指用户在看到广告或好友的分享后，重新点击回到这个产品（服务）的过程，是运营主体追求的社交红利。回流能够验证用户对产品（服务）价值和体验以及社交的影响力的确认。这是产品（服务）与社交互动运营之间最简单有效的闭环。

二、新媒体用户运营的方法

新媒体是以用户为中心的媒体传播、运用方式。因而，做好用户运营是新媒体运营的核心与关键所在。首先，要对用户需求定位，用户运营的意义是寻找痛点，满足用户的真实需求，只有满足用户需求的运营，才能吸引用户的目光。其次，是吸引用户，即用户获取、用户活跃、用户留存及用户转化。吸引用户是用户运营的基础，但只吸引是不行的，在活跃中留存用户是关键，用户留存后如何转化成经济收益才是产品（服务）的追求目标。因此，如何进行有效、高转化的用户运营至关重要。下面将较为详细地对用户运营的方法与策略进行讲解。

（一）准确定位用户需求

需求也称为需要，是指人们在个体生活和社会生活中感受到某种欠缺而力求获得的一种心理状态。它是人和社会对客观现实的需要在人脑中的反映。

平衡论理论认为，在正常条件下，人的生理和心理处于平衡或均衡状态，但当某个方面出现"缺乏"时，就会变为不平衡，出现了一种不舒服的"紧张"感，而需求可以被看作用来减少或消除紧张感而出现的心理反应。因此，用户的需求是生理或心理从不平衡到趋于平衡的动态过程，并通常以对产品（服务）的愿望、意向、兴趣、态度和理想等形式表现出来。

下面通过对发现用户需求、分析用户需求和描述用户需求三方面进行比较详细的分解，来寻求用户需求定位的答案。

1. 发现用户的需求

从用户需求的概念我们已经了解到，用户需求是一种生理或心理平衡的过程，其本质不是用户要什么，而是需要解决生理或心理的什么问题。比如，一个用户想要一匹更快的马，表面需求是要马，但当时造出了第一辆汽车，汽车比马更快，所以汽车才是此时用户的真实需求。人们往往分不清楚自己和他人的表面需求和真实需求，这才让发现用户需求变得难以洞察，当然也让运营商们费尽心力创造出一批批有趣、便捷、满足用户需求的产品（服务）。

我们最早对需求的认知来自马斯洛在 1943 年出版的《调动人的积极性的理论》著作中提出的"需求层次论"，这一理论流行甚广，是国内外心理学家解释需求规律的主要理论，我们可以把它看作用户需求定位的基础。在这一理论中，马斯洛把人类多种多样的需求归纳成五大类，并按照发生的先后次序分为五个等级。

一是生理需求（Physiological needs），是人类级别最低、最具优势的需求，如食物、水，是推动人们行动的最强大的动力。

二是安全需求（Safety needs），同样属于低级别的需求，其中，包括对人身安全、生活稳定及免遭痛苦、威胁或疾病等。人们对安全的需求是个整体机制，在消费活动中随处可以表现出来。比如，人们买电器时先考虑安全性，外出旅游时购买人身保险等。

三是社交需求（Love and belonging needs），属于较高层次的需求，它包含两个方面：一是对爱的需求，即人们都希望伙伴之间、同事之间关系融洽或保持友谊和忠诚，人人都希望爱别人，也渴望得到别人的爱；二是对归属的需要，即人们都有一种归属于一个组织或群体的需求，希望能成为其中的一员并得到相互关心与照顾。社交需求要比前两个需求都更加细致、复杂，它和一个人的生理特征、经历、教育、宗教信仰等紧密关联。

四是尊重需求（Esteem needs），属于较高层次的需求，如成就、名声、地位和晋升机会等。尊重需求既包括对成就或自我价值的个人感觉，也包括他人对自己的认可与尊重。尊重的需要还同个体感到自己对这个世界有用的感觉有关，也与有关事物，如衣服、汽车、教育、旅游和接待重要人物等能否增进自我形象有关。例如，人们购买私人轿车、穿名牌衣服、住高级酒店，不仅令人羡慕，而且能够满足他们受人尊重的需要。

五是自我实现需求（Self-actualization），是最高层次的需求，是指实现个人的理想、抱负，发挥个人的能力与极限的需要，包括针对真善美至高人生境界获得的需求。因此，前面四项需求都能满足，最高层次的需求方能相继产生，是一种衍生性需求，如自我实现、发挥潜能等。

基于马斯洛的理论，我们不难看出，用户需求是有特定指向和层次的，从让消费者满意的战略角度来看，每一个需求层次上的用户对产品（服务）的要求都不一样，只需要提供所需产品（服务）即可满足用户各层次的需求。但现实不如人愿，现实是：需求真伪难辨，而且一种需求会对应几种甚至上百种的产品和服务。目前在用户运营中，根据马斯洛的需求理论衍生出来，并被广泛使用的方法有两个：一是创造用户需求；二是寻找用户痛点。

2. 定义用户的状态

从前面的定义我们已经知道，用户的需求是一种生理或心理平衡的过程，本质是解决生理或心理的问题。这一过程，我们可以称为状态，即需求是一种状态。状态来源于几个基础诉求。一是塑造自己在他人眼中的形象：形象诉求会导致"自我审查"现象，即用户会再三审视自己发出的信息、更换头像、添加好友、进入圈子等，并判断这些动作可能给自己带来的影响，这一诉求病毒扩散性最强。二是维持并增进和某个人群的关系：这一诉求表现为修改个人状态以加强和外界的联系、在朋友圈里主动点赞、将内容分享给特定好友等行为。三是表达的意愿：最常见的是直接发出诉求和潜藏诉求两种。潜藏诉求可以理解为用时间换取娱乐、信息、知识等诉求。在新媒体时代，用户拥有大量的碎片化时间，并希望能用这些时间交换一些他们认为有价值的东西。

（二）用户获取的方法

用户获取阶段也通常被称为"冷启动"阶段，在新媒体运营中，是指产品之初尚未形成完善的生态体系和足够多可消费内容的情况下，从零开始导入第一批用户和制造内容的过程。早期用户的获取并不是盲目的，而是要在扎实做好用户需求的基础上，筛选出第一批的种子用户。高质量的用户加入和建立充足的数据沉淀，可为日后发展奠定良好基础，而一旦冷启动解决不好，很可能埋下后续运营的隐患。

用户获取是一项劳心劳力的系统工程，这项工程方法、渠道众多，而且最终效果因人、因情景各有不同。因此，照搬以往有效的方法，可能会不适合具体产品（服务），而需要不断地尝试和创新。本书介绍一些比较常用且曾经在具体产品（服务）中用户获取效果明显的方法和渠道，供大家在具体产品（服务）需求分析的基础上选择操作。

1. 走访和了解用户的方法

走访和了解用户是传统营销中最广泛使用的方法，它是一件复杂困难的事情，但却能与用户进行面对面的交流，掌握用户的真实需求。从走访用户做起，同时也是走进用户内心的过程，是将用户视作活生生的个体，通过面对面的沟通，吸纳意见并获得鼓舞，帮助许多初创公司走过了从零开始举步维艰的阶段。

2. 利用社交红利引爆用户的方法

社交红利就是指利用种子用户进行从分享到转化再到分享的链接式反应，这是大部分产品（服务）在冷启动时的重要命题。社交红利是借助社交网络链，利用六度分隔理论，即每个用户能够直接覆盖、影响的好友（亲戚、朋友、同学、同事）称为一度，再通过六个人可以找到任何一个陌生人，形成节点。当节点与社交网络完成连接，就会引爆整个网络获取大量的用户。

3. 数据抓取的方法

数据抓取是用来替代人工采集和标准化数据录入的有效方法。在获取用户过程中，数据抓取可以从竞品和其他相似产品（服务）中获取价值信息或用户。

当然在进行抓取前要再三思考，以防侵害他人权益。

当然，数据抓取的能耐不仅仅在于搜索照片，它还可以通过用户行为分析和发现种子用户，进而进行用户转化。可以说它是一种比较高效、快捷的方法，但相对门槛比较高，需要专业的技术人员进行操作。

4. 优化搜索引擎和应用商店的方法

搜索引擎（Search Engine）是指根据一定的策略，运用特定的计算机程序从互联网上搜集信息，在对信息进行组织和处理后，为用户提供检索服务，将用户检索的相关信息展示给用户的系统。利用搜索引擎的排序规则，通过人为手段来干预页面排名的手法，称为搜索引擎优化，它能获取更多自然流量，带动自我增长。常用的搜索引擎优化方式包括提高关键词的密度和权重、增加长尾关键词数量、建立外链、优化页面结构、付费收录和购买排名等。应用商店优化是指通过一些方式提升 App 在各大应用商店的搜索排名，类似于移动 App 的搜索引擎优化。主要有榜单优化、搜索优化、关键词优化、转化率优化等几种方式来达到提升排名。

（三）激发用户的活跃性

用户活跃，其实就是要让用户积极使用产品（服务）并积极参与跟产品和其他用户的互动。用户活跃可以用来衡量服务的用户黏性以及服务的衰退周期，是用户运营的一个重要指标。那么，如何激发用户活跃度？常用的策略和方法主要有以下六种。

1. 调整准入门槛的高低

提高准入门槛。对于拥有稀缺内容或者优质内容的产品（服务），可以采用抬高用户的准入门槛的方法，通过设置护城河、用户分级，让真正需要内容的用户进入，让不是真正需要内容的用户离开，不仅可以保障用户的荣誉感，也能让进入的用户的积极参与度得到提高，活跃氛围。该方法适用于个性专业产品（服务）或高端人群。

降低准入门槛。降低准入门槛可以使产品（服务）简洁，让用户不用花费大量的脑力、时间和费用便可轻松使用和操作，从而让更多的用户参与到产品

（服务）中，并及时对用户需求做出反应和回馈。

2. A/B 测试法

A/B 测试是物理学的"控制变量法"，即提供两个方案，设定一个变量并排除其他干扰因素进行测试，筛选出最优方案的方法。简单来说，就是为同一个目标制订两个方案，让一部分用户使用 A 方案，另一部分用户使用 B 方案，记录下用户的使用情况，确定其变化对用户转化率或者收益的影响。多用于测试和评判如何排除收益季节因素、市场环境因素的影响以及页面改动与收益关系等。

3. 持久补贴激发用户的活跃度

返利和补贴是激发用户活跃度屡试不爽的惯用伎俩，二者的区别在于，前者是直接给出优惠条件，后者则是需要顾客先行付出，再获取一定的好处。补贴不仅能在短时间内影响用户的单次决策，还能在更大的时空范围内逐渐引导和改变用户习惯。最简单的补贴形式无非是线下玩法到线上的简单平移，即对用户消费后的直接返利。

4. 自助激励法

自助激励是指给出简单而清晰的目标，让用户主动寻找属于自己的游戏或社交，激励并逐级实现活跃的方式，其特征为目标清晰、规则明确、及时反馈和自愿参与，如在竞技场中获得更高排名，在社交平台获得更多点赞等。这包含了产品（服务）价值本身之外的另一重体验，即参与感和成功的激励。

5. 脚本自动化运营法

脚本自动化运营是指在产品（服务）早期，用户来源尚未稳定，但为了尽快让用户达到一定规模，并建立起对等友善的信号，而编写脚本开发"机器人"，自动替运营团队模拟成用户，扮演玩家或采取的类似创建"马甲"自问自答的做法等。

6. 制造观念冲突法

这是一种比较有风险的做法，同时也是一种能够在短时间内制造出用户活跃和用户引入的做法。通常这一套运营方式是利用社会热点，形成多种不同角度、不同立场的初始内容，然后通过手段，让认同不同观点的用户发现彼此，并制造冲突，从而引发用户的站队。

（四）增大用户的留存

用户留存是一个相对于用户流失的概念。用户留存是指那些机缘巧合下使用了产品（服务）的人群，留下来不断光顾且持续带来价值；用户流失则是用户一段时间后兴趣减弱、逐渐远离直至彻底丢失。任何一款产品都会出现用户流失，是用户新老交替中不可避免的，用户流失与用户留存的比例和变化趋势能够说明产品（服务）满足用户的能力和在市场中的竞争力。造成用户留存率低的原因可能有这么几种：程序存在漏洞，性能瓶颈，用户被频繁骚扰，话题的热度减退，出现更好的替代品和其他因素（游戏通关、设备遗失、需求不再存在、产品生命周期终结等）。那么应该如何增大用户留存？下面将围绕这些原因提出几个用户留存的方法。

1. 提升用户体验

用户体验的核心思想就是以用户为中心，考虑用户使用产品的感受和体验。基于用户视角改善产品（服务）的性能以提升用户的体验，就能够将用户留在产品（服务）中。提升用户体验的方法和原则众多，主要有：不强迫用户，不让用户思考，简单易操作，遵守用户习惯，超出用户预期。

2. 引导新用户迅速上手

产品（服务）开发团队经常陷入一个误区，即以己度人地将自身对产品（服务）的了解代入普通用户的认知中，想当然地觉得用户能理解产品（服务）的作用和操作方法，遗憾的是，绝大部分用户是一群慵懒忙碌的聪明人，必须让他们迅速上手，有事可做，否则他们的注意力很快会被其他更加简单有趣的东西吸引走。在此，比较常用和有效的方法是添加蒙版引导进行说明，可以有效地节约阅读时间，也更加容易被用户理解和吸收。例如，采用较为醒目的气泡或者箭头等指示性图形配合文字，直接标注在界面上进行说明。

3. 社交绑定

社交绑定是一个非常柔和且效果显著的用户留存方式，其核心是依赖于人与人之间的情感关系进行链接，这种链接关系能使用户自愿、自动地在产品（服务）中留下来，并积极地进行活动。

4. 设计唤醒机制

唤醒机制是指互联网产品中专为召回流失用户而设计的产品机制。常用的唤醒机制包括：电子邮件唤醒、消息推送通知、移动网页唤醒等。目前在新媒体中，最广泛使用的唤醒机制为消息推送通知。应用内的消息推送通知（Push Notification/Push Alert）机制是移动产品唤醒用户的有效手段。但频繁和不合时宜的推送也会造成用户的困扰和反感，甚至引发卸载。因此，根据目标人群的使用场景，推送符合其兴趣和需要的优质内容，才能带来更强的黏性。

（五）促进用户的转化

商业运营的本质是将用户的需求变现。一款产品或服务，从需求分析开始到内容建构再到用户管理等，归根结底都只是为了通过对用户需求的迎合与满足，采取适当的方式达到用户转化和变现。用户的转化是整个运营过程的核心目标，决定了整个产品或服务运营的成败。

用户转化包含两个内容：转化率和转化数。转化率是指真正产生消费的用户比例（公式：转化率=有效用户/所有用户×100%）。这里所指的有效用户就是真正持续使用产品（服务）并可能为之付费的用户。转化数是指有效用户的具体数量。用户的转化，可以是一个环节，比如登录、点击、支付，也可以是很多环节组成的一个流程，比如，电商的购买流程、理财产品的注册绑卡流程。

用户要发生购买行为，需要产品（服务）单独或完全具有以下八种原生性特征：即时性，付费解决等待问题，如排队等；个性化，付费解决自我独特需求，是一种对时间的消费，是创造者与消费者、艺术家与粉丝、生产者与用户之间的不断对话；解释性，付费解决理解和使用问题，例如软件是免费的，但是能适应你理解力的指导方式是非常有价值的，十分昂贵；可靠性，付费解决质量与安全问题，如免费下载应用，需要考虑是否有缺陷、是否为恶意程序或垃圾应用；获取权，付费获取简单便利，例如付费给优酷就可以很快看到你想看的视频节目，虽然这些视频也可以在百度中慢慢地搜索到；实体化，付费体验，如音乐是免费的，但观看演唱会是非常昂贵的；可赞助，付费表达喜爱、崇拜，例如，直播的打赏行为；可寻性，付费提高效率、寻得价值，如免费版本的电子书可以在网络中找到，但读者还是会付费购买亚马逊的电子书包月服务 Kindle

Unlimited，这是因为评论能指导他们找到自己想读的书。

（六）用户的传播及回流

用户传播与回流是整个用户运营的最后闭环，也是检验和优化产品（服务）的有效指标。一般而言，设计精良且能满足用户痛点的产品（服务）会获得用户的青睐，并能引发用户主动传播和增加用户回流。当然在此基础上，也可以采取四个有效的方法来促进用户传播和回流，获得更好的运营效果。

1. 触发病毒式的传播

病毒式传播是基于用户诉求的一种传播方式。一款产品（服务）如果采用了正确的病毒式传播方式，能够自然地勾起人们分享给他人的欲望，在新媒体的语境下用最低的成本将产品扩散给更广的人群。形成病毒式传播在内容上需要具备三个特征：与我相关，符合利益诉求，彰显个性、爱心和优越感。病毒式传播的效果由其循环周期决定，病毒循环周期，是指从用户发出病毒邀请，到新用户完成转化（如点击阅读、注册、消费的行为）所花费的时间。病毒循环周期越短，效果越好。

2. 用 Bug 引爆传播方式

Bug 是一个英文单词，本意是臭虫、缺陷、损坏、犯贫、窃听器、小虫等意思。现在用于指代电脑系统或程序中隐藏着的一些未被发现的缺陷或问题，统称为漏洞。利用 Bug 营销是基于用户爱占便宜的心理，完成一场完美的传播和转化。

3. 利用时机乘势而上

现代社会信息的剧增和传递速度的加快，使任何传播都会迅速爆发并迅速衰减。从某种程度来说，病毒传播追求的是"时机的艺术"。一条消息从什么时候开始推送，在什么时候影响到特定的人群，如何延长半衰期等，都依赖于技术层面的精密策划。

第三节　新媒体内容运营的思考与实践

一、新媒体内容运营的概念与特点

在信息量不断充斥和持续反思下，内容运营有了新的定位：内容的产生是基于差异化人格的，是基于用户真实需求之上的，是为用户服务的，等等。

（一）新媒体内容运营的概念

通常我们所说的"内容"是指所读到的东西，如网页、博客上的文章及视频、图片。在新媒体运营中，"内容"则指知识与信息，是具有价值与很明确的目的性，为特定人群创建并能够打动特定用户的有用信息。近年来，有价值的内容运营已经跃升为精明运营人员和经营者的首选方式。那何为内容运营？

根据美国内容营销协会（Content Marketing Institute，CMI）的定义，内容运营是一种通过生产发布有价值的、与目标人群有关联的、持续性的内容来吸引目标人群，改变或强化目标人群的行为，以产生商业转化为目的的营销方式。可以说，内容运营就是通过创造、编辑、组织、呈现网站内容，提高互联网产品的内容价值，制造出对用户的黏着、活跃产生一定的促进作用的运营内容。

（二）新媒体内容运营的特点

做好内容对新媒体运营来说具有举足轻重的作用。但是，今天对好内容内涵和形式的定位与传统定位有着天壤之别。今天对好内容的定位有三个特征：稀缺、高场景度和体验性。在现今，对稀缺的需求已经颠覆了大众传播时代对于重要的需求，稀缺是一种低频度的需求，它决定着生活的质量和品质，是通过细节的差异来显示的，如教你怎样登上月球；高场景度就是个体产生的专业需求，如需要专业人士进行精确的就医和咨询；体验性的内容是一个人的人生宽度，是消费升级的推动力，能为人们打开不同的人生窗口。根据内容定位的三个特征，可以把内容运营的特点分成以下四方面：

第一，内容运营先提供解决方案，帮助用户解决需求问题，而不是直接展示产品。内容运营不同于传统营销直接展示产品、重复品牌的做法，而是先提供解决方案，帮助用户解决实际问题，培养用户信任。在此基础上，再引导用户自发消费。在内容运营中，解决用户需求的方案和产品（服务）并不是割裂的。事实上，好的解决方案必然成为产品的一部分，甚至是产品的核心组成部分。而传统营销打造出来的产品往往将"品牌"作为核心资产，围绕品牌打造系列产品。

第二，内容运营是搭建感性购物场景，向用户传递产品独特价值，而不是采用价格战。内容运营喜欢向用户传递产品独特价值，而传统营销往往更喜欢价格战。在传统购物场景中，无论是线下商城还是线上商城，都存在大量同质化产品供用户挑选，消费者面临的主要问题是"买哪个"，此时，价格高低，有无促销，是很多用户重点考虑的因素。在新的购物场景中，内容运营通过有趣的标题，更好地吸引用户注意，继而通过场景搭建，强化用户对产品价值的关注，弱化用户对价格的关注，促使其产生感性的消费。

第三，内容运营一般依赖品牌自媒体进行，而不是传统主流媒体。传统媒体时代，信息单向线性传播，内容制造权被少数主流媒体把控，运营推广不得不依赖主流媒体。新媒体时代，信息网状交互传播，人人都可生产内容，自成媒体。此时，内容运营和自媒体战略紧密结合。一方面，内容运营中方案的发布、传播，购物场景的搭建、转化，都基于品牌自媒体来持续有效进行；另一方面，通过持续、稳定地生产高质量内容，产品（服务）具备了媒体功能，通过自媒体直接接触目标用户。自媒体的本质仍然是媒体，构建合格的自媒体，实施内容运营，至少需要达到三个要求：有足够数量的粉丝，持续稳定地生产满足用户需求的内容，有切实可行的盈利模式。

第四，内容运营下，用户分享发生在用户决策的任一阶段，而不是只有体验过后。分享产品（服务）体验是用户行为决策的重要环节，社交媒体的兴起，放大了这种口碑效应对品牌的影响，也使得企业越发重视用户口碑。不过，传统营销模式下，用户通常只有在亲自体验过产品后，才会产生分享行为，且分享的内容一般以产品体验为主。而内容运营模式下，用户分享可能发生在用户决策的任何一个阶段，只要内容有价值，引起了用户兴趣，即使最终没有消费，用户也会很乐意分享产品（服务）的相关内容。由此可见，内容运营能更好地利用社交媒体的传播优势，扩大产品（服务）的影响。

二、新媒体内容运营的流程和方法

一个产品或者服务，只要说到内容运营，就要涉及内容供应链的建立和产品（服务）本身、内容生产者以及内容消费者三方面。内容消费者与产品（服务）定位息息相关，它决定了产品（服务）的内容给谁看，谁会对这些内容感兴趣，从而提供可转化的流量。内容生产者是产品（服务）内容的发动机，它决定了产品（服务）会输出怎样的内容给内容消费者。内容生产者所提供的内容与内容消费者兴趣的匹配，是保证内容流转效率和产品（服务）转化能力的动力。产品（服务）本身需要维系内容生产者、满足内容消费者，通过各种方式去保证产品（服务）的运转。从内容运营的角度来看，它不仅仅需要明确定位内容消费者，也需要努力维系内容生产者，同时通过对用户的反馈进行跟踪和跟进，以期让内容流转更顺畅、内容消费更黏着、用户转化更快捷。

（一）新媒体内容运营的流程

内容运营的流程就是内容生产、输出（传播）、转化的整个过程，包括内容消费者定位、内容生产者维系、内容反馈与跟进等。

1. 内容消费者的定位

内容消费者定位，是一个以内容为主的产品（服务）。首先要做的事情是决定最早一批种子用户，它是定位内容消费人群的关键。例如，知乎早期的内容消费者定位是 IT、互联网人群；豆瓣早期的内容消费者定位是喜欢读书的人群；时光网的内容消费者定位是电影爱好者等。对内容消费者的定位，能在早期提供一个内容聚焦的用户群体，建立比较直接的效果评价体系，让后续运营调整和改进有依据。定位内容消费者是一个动态的过程，因此，每个以内容为主的产品（服务）需要评估让用户进入的速率以及用户选型的控制。用户过快进入可能会导致内容消费定位来不及进行调整，甚至冲击最初建立的内容消费者定位，影响产品（服务）提供者所提供内容的质量和用户接受度。通常情况下，控制内容消费者进入最成熟的方案是邀请制。采用邀请制能产生稀缺感和紧迫感，形成人群精确锁定；能人为制造垂直领域或者单一结构的用户群；能有效考验内容运营者与内容生产者的能力。虽然邀请制本身让潜在的用户充满了好奇，想要知道邀请码背后的世界究竟如何，但是，如果内容生产者或者运营者的能力不足，甚至网站或产品的技术有问题，就很容易产生用户活跃度低，无法激活有效用户留存和活跃，从而带来不好的结果。

2. 内容生产者的维系

定位了内容消费者，就会返回考虑内容由谁来提供、提供什么样的内容是内容消费者所喜欢的。这一点类似于电子商务，某产品定位的是女性客户，就不会去进男士外套。定位内容消费者只是第一步，而下一步就是要提供内容消费者感兴趣的内容，这部分内容可以自己制作，也可以外包制作，但不管由谁完成，都是内容的生产者。内容生产者制作出内容后，还需要根据内容消费者的需求与变化进行内容的维护、修改，以保证内容消费者在产品（服务）中能获得充足的内容，与产品（服务）维持比较长久的用户、消费关系。

3. 内容的反馈与跟进

完成内容消费者的定位，制作并持续维系产品（服务）内容后，就要时常关注内容反馈，并进行跟进，形成日常的内容采集与管理工作。在内容的采集与管理工作中，必须考虑用户反馈和对应反馈的跟进策略，该策略可以根据平台的不同挑选展现方式。设定内容运营的关键绩效指标（Key Performance Indicators, KPI），并与数据挖掘机制相结合，进行数据挖掘之后的反馈与跟进。

（二）新媒体内容优化的传播方法

内容优化的传播方法可以分为内容故事性优化、内容可信度优化、传播方式优化、传播技术优化等方面，优化的最终目的是以更快捷、更容易被认知、更低成本的方式，在新媒体时代进行最有效、最广泛、收益最大化的传播与运营。

1. 内容的故事化、事件化和娱乐化

信息本身并没有情感上的冲击力，仅有一堆事实资料的信息是无法和用户产生共鸣的。逻辑表述与情感说服之间是存在较大差异的，用户可以赞同思路而不响应号召，很少有人仅凭因果关系就会付诸行动。为了增强说服力，必须触动人们根深蒂固的欲望和信念。这就需要用比事实更锋利的情感来刺痛心灵。因此，

情感成为人们强有力的消费驱动。内容要具有情感召唤力，就需要故事化、事件化和娱乐化，让传播的信息喜闻乐见，能"抚慰我""逗我开心""让我思考""令我感动""让我难过""让我幻想""给我欢笑""令我愤怒""让我哭泣"等。例如，有"社交网红"称号的万豪酒店，是内容营销领域的先行者，通过创作使用户看到生活的时尚和一些娱乐性内容，以崭新的方式吸引新一代旅客的同时，展现奢华的酒店品牌系列。

2. 内容短视频的优化

在视频移动化、资讯视频化和视频社交化的趋势带动下，短视频内容运营正在成为新的风尚。短视频和图文内容一样都是社交传播的介质，但是短视频因为其视频化的表现形式使得其在传播过程中具有更强的表现力，更多的互动形式，同时也容易形成更强的壁垒。从各大短视频平台的迅速崛起到头条视频每天10亿次的播放，再到微博和秒拍联合建立起来的中国最大的短视频"分发+播放+社交"的生态联合体。我们看到的是短视频在短时间内占据了大量的流量入口，形成了广泛的影响力。短视频的内容凭借有情、有趣、有用、有品等特点，进行着广泛的口碑传播。

3. 在 SEO 中植入内容运营的基因

中国互联网环境迅速变迁，SEO 大环境的确发生了翻天覆地的改变，但搜索引擎在现阶段以及未来的一段时间都将会不断进步，用户体验会变得越来越好。搜索引擎的用户体验，最核心的一项指标就是内容质量。无论搜索结果以哪种形式展现出来，最终还是要以内容展现。

4. 做真实的内容

用户自从被新媒体解放，尝到了多源内容的甜头，人口红利带来的大流量让移动资讯里做内容的都能分到一杯羹，然而所谓做优质内容，可能并不是培植、扶持那么简单。重复轰炸，再丰富也变成垃圾内容。对用户来说，媒体追求热点无可厚非，不过都汇集到一起，就变得千篇一律。加上标题党横行、低劣爆文充斥平台时，算法又助长了垃圾内容，于是平台们又慌忙搞起人工审核和推荐。但是不论如何，妄图通过技术优势构建移动资讯的护城河，显然都是舍本逐末、缘木求鱼。在此环境下，唯有"真内容"才能破局，热点+角度+态度的不重复组成，才是做出真内容的正道。

5. 跨界内容的优化

如今，朋友圈已然成为行业广告风向标，验证着产品（服务）传播的好与坏。当优质内容被朋友圈刷屏分享时，即意味着给品牌的一次加冕，一场来自行业盛大的"注目礼"。

第四节　新媒体活动运营及其风险管理

新媒体通过更加民主个性的表达方式、快捷迅速的消息推送、分众的传播模式等一系列优势，迅速在传统媒体产业中占据优势，成为文化传媒产业一枝新秀。但新媒体在其运营上仍存在法律法规、市场经营、资本运营、企业管理、技术需求等方面的风险。因此，要合理认识新媒体运营的优势，并充分分析其存在的不足与风险，用最有效的措施促进其健康发展。

一、新媒体运营存在的主要风险

（一）法律法规的制定尚显滞后的风险

作为一个新生事物，新媒体仍处在初级发展阶段，还没有形成一个稳定的产业形态，在其运营过程中所涉及的社会、经济等要素都存在很大的不确定性，由此而带来的生产经营活动的不规范性也势必导致新媒体在运营中存在一定的法律法规方面的风险。从某些方面来说，一些事情的被发现与迅速传播的确体现出了新媒体广大受众的新闻敏感性，但从法律层面来说，某些事情却已经涉及当事人的根本权益，是合理但不合法的。由此可见，我国法律法规的制定在新媒体运营方面的滞后必定会给新媒体发展带来一些不利影响。

（二）不够成熟的市场经营风险

与传统媒体相比，新媒体作为一个新事物在市场运营方面有着前期薄弱的劣势。如何在新市场中立足并迅速发展自己的优势成为新媒体当前亟须解决的问题。在实体经济开始展现颓败的情况下，作为一种依托于实体经济发展的新型文化产业，毋庸置疑，新媒体也承受着一定的冲击与压力。与此同时，作为一种依靠大众点击量来吸引广告商投资并以此作为主要收入来源的新型媒介，近年来，由于生产者对广告宣传方面的投入减少，直接影响新媒体的收入，使其承受着一定的利润损害，这些都要求新媒体产业需要做出正确的市场经营规划。

（三）高投入低回报的资本运营风险

作为新产业，新媒体在前期发展取得了很大的成就与关注，吸引了更多的商家与投资者将目光放在新媒体的投资与运营上，也因此带来了新媒体产业的激烈竞争。社会经济学曾研究：当一件事物的竞争激烈度达到一定饱和程度时，就会出现高投入、低回报的结果。因此，投资商和商家在对新媒体产业给予厚望与投资时必须看清形势，才能有效避免风险。

（四）不完善的运营管理风险

很多企业在实施新媒体战略时并不能够完全地放弃传统媒体的运营，这就会出现"新""旧"两种管理体系相互摩擦碰撞的风险。新媒体管理体系尚不完备，而传统媒体的工作人员会因对业务的熟悉而满足于现状、故步自封，不愿意接受，更不会主动对新媒体管理体系进行创新，最终使得自己处于进退两难的尴尬局面。

（五）供不应求的人才和技术风险

高速发展的新媒体对人才提出了更加严格的要求。作为起步较晚的媒体，新媒体技术型人才并不是太多，目前仍处于供不应求的状态，尤其在新媒体的运行及产品研发、新媒体产品市场推广等方面的人才更是少之又少。新媒体对运行操作人员的高要求也使得很多青年望而却步。而高校开始运行新媒体教学的时间又相对较短，管理者自身对新媒体认识不足，对社会所要求的此种复合型人才还没有形成完整的教育系统，导致人才缺乏、技术要求不过关。

二、新媒体运营风险的应对方法

（一）完善新媒体运营制度

我国目前的法律法规制定在新媒体运营方面相对滞后，因此，在运营新媒体时，运营者必须制定严格的运营制度，对新媒体中出现的新闻资讯、言论等必须经过严格的把关，在法律法规允许范围内保证新闻资讯的真实可靠、保证广大受众的正当权益不受损害。

（二）关注发展态势，及时调整市场经营

社会的迅速发展使得很多事物日新月异，很多企业因不能正确地审清形势而遇到投资风险或濒临危险。在新媒体发展中，很多大型企业通过业务的垄断来巩固自己的地位，而对于一些中小型企业，为了维持自己的现状不被时代冲毁而开始专注于单一方面的优势发展，这对于企业投资来说具有很大的风险。因此，在对企业进行风险管理时一定要关注新媒体发展，认清新媒体的发展态势，从而把握好机会，以获得最大利益。同时，新媒体运营者应根据其发展态势做出正确的市场经营规划，及时调整市场经营，有效避开因实体经济颓败和主要收入来源短缺而带来的风险。

（三）制定最佳退出机制

古语有云：有备而无患。在进行风险投资或商业运作时，为了获取最大利益应充分分析其利与弊，既要审时度势看清其内在的投资潜能，又要考虑到其可能带来的后果。从这个角度来说，商家或者投资者在对新媒体产业进行投资时应充分考虑到其可能存在的劣势与风险，选择最合适的时机进行投资，并制定最佳的退出机制，在合适的时候全身而退，以保企业规避风险。

（四）"新""旧"相辅，进行正确管理

针对"新""旧"两种管理体系相互摩擦碰撞，以及传统媒体的工作人员因对业务熟悉而满足于现状、故步自封、不愿意接受更不主动对新媒体管理体系进

行创新这一现象，企业应制定合理有效的相关措施，在肯定传统媒体带来好处的同时，对新媒体的存在加以认可，保证传统媒体的正常运行，同时，运用传统媒体的经营管理体系与理念对新媒体进行管理，将新媒体的优点合理应用到传统媒体中，并对传统媒体的某些管理体系加以整改，两者相辅相成，促进新媒体发展的同时，加强传统媒体的日常运营。

（五）培养高素质、学习型人才

新媒体的高效运营离不开人才的培养与支持。各商家与投资者在对新媒体进行资金与精力投入时，应充分考虑人才的培养与支持。人才是新媒体运营的核心力量所在，要想降低新媒体运营风险，提高其运营效益，必须加大人才投入。具体可以从以下两方面做起：一是聘用对新媒体有一定运作能力的人才组成新媒体小组，小组成员专门负责新媒体的研发与运营，对平台进行及时的维护与管理；二是培养新型新媒体人才，对公司学习能力较强的职员进行集中的新媒体运营培训，使其树立主动的学习意识，建立学习型组织，通过对社会其他各领域优秀的新媒体平台学习，研讨开发出属于自己行业的优秀新媒体平台。

第五章

"三微一端"的运营管理模式

"三微一端"作为当前新媒体领域的重要代表，其运营管理模式对于整个新媒体行业具有重要的借鉴意义。本章将详细解析微信公众号、微博、微视频和手机客户端的运营模式和方法，帮助读者了解不同新媒体平台的运营特点和规律，为新媒体运营者提供实用的运营策略和管理经验。

第一节　微信公众号及其运营策略

微信公众平台是腾讯于 2012 年 8 月，在微信发展的基础上推出的互联网时代网络推广、营销的新媒体移动化媒介。微信公众号以其具有的信息推送、传播、分享等一对多的媒体化行为活动特点，为关注和订阅用户提供了体验移动互联网下获取所需信息的便利生活方式。为达到微信公众号推广和营销目的，运营者就必须与把握订阅微信公众号主动权的用户建立起相互密切的联系。对于微信公众号运营者来说，要获得高流量吸引用户的关注，进而赢得用户产生订阅行为，对用户的使用心理、要求与意愿是运营者要时刻把握和了解并要随时改善和更新的，从而有效地留住用户，增强用户的黏性，力争达到通过用户进行公众号的再次传播。

在当今人们的生活中，微信已然成为生活中不可或缺的一种有益的生活方式的组成部分。各大学学报是学术期刊的重要组成部分，作为一名从事大学学报（自然科学版）编辑工作的编辑，经查阅相关信息资料以及和其他学术期刊之间的编辑业务间的相互交流，了解到有多种学术期刊推送了其期刊的微信公众号，与读者和作者建立起非常好的互动关系，为期刊的发展和成果的推广起到了极大的推动作用。针对学术期刊目标受众人群范围较小，可以通过微信公众号这种新媒体提高其影响力，可在微信公众平台上发布学术最新资讯、推送学术论文导读、学术研究动态和趋势、最新学科发展前沿等内容，从而引起读者和作者对相关学术期刊的阅读兴趣，扩大了学术期刊的影响力并弥补学术期刊因学术性强而受众范围小的不足；与此同时，编辑可通过微信公众号分享其对于选题策划、论文写作或取舍标准的编辑经验给予作者，协助作者选取最为适宜的写作方向。学术期刊通过微信公众号推送其学术研究信息能够满足读者群、作者群利用碎片时间阅读相关感兴趣的学术论文，了解学术研究方向及前沿资讯的需求，可进一步吸引读者群对学术期刊的深读，作者群能更为高效快捷地把握学术研究热点和论文写作方向，产出高水平、高质量的研究论文，实现了对学术期刊的推广效应。

现从用户的角度出发，对微信公众号的运营策略阐述一些自我认知。

一、准确定位，吸引用户

微信公众号运营的首要问题和关键因素是如何获取用户青睐而赢得用户流量。只有获得用户的高订阅量，微信公众号才具有继续运营的价值。

（一）精准的内容定位

每个用户对微信公众号的需求和兴趣点各不相同，只有明确了用户群，把握住各用户的兴趣点，微信公众号所推送的内容和提供的服务才能得到精准的定位，为用户提供与其需求最为契合的内容与服务，进行分众传播，从而成功吸引用户订阅。当下生活的个性化已然为大众所推崇，独特的内容和特定的目标受众是微信公众号能够获取用户关注的关键因素。微信公众号推送的信息在其分类上应细化，应避免内容上的同质化，内容风格上应富有特色，对信息的筛选与整合上表现出差异感，剔除重复冗杂的信息，由此才能够最终获得用户关注和订阅。

（二）不同形式的推广

微信的特点是其处在一个较为封闭的传播圈中，这就导致其推广的渠道与手段较为有限。因此，微信公众号的推广就应借助各类多样化的形式进行多方推广，如结合线下的营销活动以及线上的微信公众号之间互相合作推广，借助其他网络平台及社交媒体以及借力媒介融合，实现优势互补，充分利用各种资源来提高微信公众号的知名度，打破微信公众平台传播的封闭性，从而扩大受众面，吸引用户的关注。

（三）实现二次转发传播

具有即时通信特性的微信已成为用户之间进行聊天交流的不可或缺的交流工具。信息的点对点的人际传播、推送信息的一对多是微信公众平台所具有的特点。关注了微信公众号的用户，当其对推送内容合意或感兴趣，就会通过个人微信或微信朋友圈转发分享给对有可能同样感兴趣和有可能从中获益的好友。微信的朋友圈也为用户进行内容分享提供了一个良好的更加开放的平台。用户好友如果通过朋友圈浏览到分享的微信公众号内容，或在浏览后又进行了第二次的转发分享，就能够实现信息的二次传播，扩大了传播范围，也让推送该内容的微信公众号被更多的人知晓。这样渐进式的传播也能为微信公众号吸引来更多的用户。因而微信公众号应该充分把握微信用户之间"强关系"的特点，有意识地引导并激励用户之间对推送的信息进行分享与讨论，推动用户进行人际传播，从而扩大传播效果，吸引更多用户的订阅。

二、维护用户，优化运营

微信公众平台的运营是一个长期工作，在积累了一定用户数量后，只有投入大量精力，注重优化日常的运营工作，才能够维护好与用户之间的关系，避免因运营不当而造成用户的大量流失。

（一）内容质量及编排

对于微信公众号来说，往往是"内容为王"，内容是决定其在用户心中地位的核心因素。微信用户对微信公众号所推送的内容质量要求相比于其他平台而言更加严苛。因此，微信公众号对其所推送的内容与服务始终保持高标准和严要求，保证内容的质量。微信公众号所推送的内容要具有优质、专业、有特色、有深度的高价值内容，才能够吸引到更多用户，使其能够成为微信公众号的长期使用者。如各高校《学报》，作为学校对外交流的重要窗口，是反映和传播其学校的教学和科研成果，并且在某些专业研究领域其成果具有较高的学术性水平，因此，为吸引相关科学研究者和相关感兴趣的读者的关注和订阅，就要在内容质量与编排上下功夫，力推内容上具有创新性高水平的学术性及研究性信息。在保证内容质量的同时也应注意内容编排的形式：微信公众号的文字内容应简洁而扎实；图片内容的推送应注重可视化，以使用户获得的阅读体验变得更为轻松良好；音频与视频内容要有独特的更具强烈的现场感与感染力的传播效果，以让用户的视觉体验感更为直观及有趣。不同的内容传播呈现形式有不同的特点，也各有优缺点，微信公众号在内容编排上应该把握住平台的技术优势，将图文、视频、音频等多样化的形式加以结合，根据推送内容的不同来对多种内容呈现形式进行有机融合，以达到更好地推送信息的目的，为用户提供更加良好的使用体验。

（二）避免直接推送生硬垃圾广告

在微信公众号的运营中，广告的投放是一些独立运营者或运营团队获得盈利的主要手段，也是各运营者进行微信公众号运营的主要目的。而对订阅了微信公众号的用户来说，公众号直接大量推送硬广告的行为很容易引起其的厌恶与反感，"物极必反"，从而导致用户取消对该公众号的订阅，造成大量的用户流失。而比起单纯的广告推广，将商业信息与用户感兴趣的内容有机糅合在一起，进行柔性植入，从而为用户提供具有可读性的、有价值的信息内容，或采用更加新颖有趣的表现形式来传播广告信息，是在微信公众号运营中更应该做出的选择。好的运营方法不仅能够有效地达到广告推广与品牌营销的目的，增强用户对推广产品或服务的接受程度，也有能够提高用户对微信公众号本身的好感度。当微信公众号推送的不再是一篇生硬无趣的垃圾广告时，有效信息内容与巧妙的广告植入的融合就使得广告与微信公众号的推送取得双赢局面。

（三）提供激励机制

微信公众号运营者可利用营销活动提供奖励或报偿的激励机制，这类方法实施时应该注意的是要在提供奖励或报偿的基础上建立持续有效的激励机制，策划开展有创意并且能够被持续跟进的各类推广活动，使得微信公众号能够让用户保持长时间的热度与活跃度，同时，加强了用户参与的广泛度。让用户的关注行为处在不再只因微信公众号提供一时的奖励或报偿而呈"昙花一现"的状态，而是真正通过持续有效的好处来引导用户和鼓励用户对微信公众号的使用，转变用户的心态，让用户从中能欣喜地发现微信公众号的真正亮点。

（四）推送频率及时间

微信公众号选定的推送时间不合适，可能在用户还没有来得及点开浏览的时候就被淹没在众多订阅号之中，最终被忽略。推送的频率过于频繁，内容过多，也很有可能引起用户的困扰，影响使用体验，导致用户流失；推送频率过低也会造成微信公众号的价值降低，引发用户的不满。微信公众号在信息推送上应具有独特的时间与频率特点。由于推送内容以及目标用户使用习惯上的不同差异，各运营者微信公众号信息推送的时间与频率也必然会有不同区别。运营者应以用户的作息与习惯作为确定信息推送时间与频率的制定标准，进行具体分析来确定推送的时间及推送频率，有效提升信息到达率，保证传播效果的最大化。一些公众号还选择固定信息推送的时间及频率，使得用户逐渐形成阅读习惯，也达到了增强用户黏性的目的。

（五）提供个性化订制服务

微信公众号应该主动发起用户关注或感兴趣的互动讨论话题，引导用户进行深入探讨，或开设一些互动栏目，加强用户的参与度，这些互动能够有效地提高用户的活跃度，增强用户黏性，具有很高的价值。同时，更多地使用人工回复的形式来保证与用户之间互动的有效性，以获得更加明显的效益。增强与用户之间的互动，及时回复用户提出的反馈，完善微信公众号的互动平台机制，能够让运营者实时了解用户不断进行动态变化的需求与意愿，便于更好地、更具针对性地进行运营策略的调整，同时，构建并完善对微信用户的个性化订制服务。微信公众号通过运营者个性化的订制服务，使用户可获得更为良好的使用体验，其个性化的需求也能够得到更好的挖掘与满足，这也有助于用户对微信公众号忠诚度的提升，从而进一步推动微信公众号的发展。

以微信公众号具有的广覆盖、快传播、讲求需求、统计分析、动转互动、灵活便利的营销方式、过程呈多元化等特点，可为用户建立起一个非常正面的品牌形象，加之认证后的公众号之信服力更为加强，品牌的权威形象即在用户心中树立。微信公众号运营策略应以用户为中心，进行精准定位，同时做到"内容为王"，要能够针对用户的要求与意愿对微信公众号进行不断的优化与改善，从而利于运营者以其微信公众平台实现其运营的推广与营销。作为学术期刊重要组成部分的大学学报，建立微信公众号平台能极大地对学报品牌起到有力的推广和传播作用，同时，借此更能极大地提高学校的教学和科研的社会影响力，为推动科学技术的进一步发展发挥重要作用。

第二节　微博运营的要素与方法

一、微博运营的基本要素

微博运营的重要性和复杂性是并存的，在遵循营销和传播的基本原则和方法论基础上，如何最大限度运用微博所具备的扁、平、快的特点，将最直击目标客群兴趣点的内容用最合适的呈现方式、传播节奏以及最有效的渠道组合精准传达，真正做到将最合适的内容传达给最合适的用户，将效果最大化，对企业品牌或产品的微博运营来说，是值得深入研究和持续优化的。

（一）从关系经济转到粉丝经济

微博可以被认定为是一种社交媒体，社交媒体运营的核心是与目标消费者建立社交关系。如果单纯以社交关系来界定微博的运营要素，其实并没有错，只是还不够准确。

特别是在社交媒体发达的今天，要把握住微博运营的核心，我们需要用一个更加精准的名称"粉丝经济"，不仅让消费者变成粉丝，而且是在微博上建立真正的粉丝关系。

大多数人都知道百事可乐和可口可乐，但有相当一部分人都会在便利店购物时执着地选择其中一个品牌，执着地认为某一种更好喝；城市里现在随处可见肯德基和麦当劳，但同样有无数人会在有选择余地的情况下执着地只去其中一家就餐。大家知道是因为品牌提供给了人们关注和体验的机会；执着地选择某个品牌，无疑就是粉丝了，而忠实的粉丝就是品牌最有价值的消费者。

此处我们讨论的粉丝，并非单纯局限于"追星族"，而是涵盖因某个热门话题、新闻热点、兴趣爱好等而积极表达观点、持续互动的人群。当这个人群的数量足够大、互动足够深入时，将不只在网络上产生巨大影响，更可以辐射至线下。对于实施微博运营的企业来说，这意味着粉丝们不仅可以在线上心心念念地进行关注、评论、转发、送上热门话题，更将自身拥有的行动力和购买力在线下进行"折现"。

将冰冷的关注转化为有温度的粉丝，是需要在微博运营中持续关注的焦点。此处需要特别关注的是，粉丝对于品牌或产品的拥护除了对其本身的硬性实力的认可之外，更重要的是需要意识到粉丝给予了品牌或产品情感上的投入，在任何关系中的投入都需要获得回报，才能使关系长久。这对于企业的微博运营来讲，就需要塑造有温度、有情感、有思想的微博形象，与粉丝进行持续的、须距离互动的价值需要被深刻认知，需与粉丝建立稳固的情感纽带。

（二）从单打独斗转到整合营销

实现营销的商业化、利润化是企业的终极目标，而在使用微博平台来进行营销的过程中，做好平台提供的基础设置，通过内容发起、转发、评论等互动行为收获一定数量的粉丝，并不是实现营销目标了，系统化的整合运营思路才是微博运营的王道。

一方面，检视和明确品牌传播调性、产品特点、目标客群的画像等在整体客户营销体系中的关键要素；另一方面，结合微博平台本身特点、用户习惯、热点内容变化趋势，明确自身运营的个性化特色、内容风格、发布节奏等。

简单来说，即在已明确品牌或产品自身的特点、目标客群是谁、这群人在微博上如何分布的基础上，再明确自身微博的类型、想通过微博干什么。

首先，必须基于微博运营的整体环节来考虑，而不是简单地就内容说内容，就话题说话题，把微博运营的各个环节割裂。必须从整体来考量微博运营的系统工程，从而才能形成坚实的地基，让微博运营的效果水到渠成。

其次，自身微博的运营不可单兵作战，需要与企业整体的客户营销体系一脉相承，过度放大或单纯忽略微博的营销作用都不可取，而要将其理解为整体营销体系的辅助手段，在传播节奏和发声角色方面制订系统计划。当企业一旦开始实施微博运营，就需要持续地运营，不可半途而废，有一搭没一搭的运营只会让既有粉丝快速流失且挽回成本高。同时，还可能引起对品牌有期待的潜在粉丝不满，对品牌形象造成不利影响。

在进行微博运营的同时，不能就微博运营而微博运营，应该结合企业自身的优势、品牌的特点、产品的规划、营销的设置而综合考虑。让微博运营成为营销中的一个环节，同时，让整合营销带给微博运营更多的优势。这样才能真正地做好微博运营工作。

（三）从追求热点转到量化检测

微博运营的一个重要指标，一定是用户和粉丝的关注度，只有抓住用户的关注度，我们运营的微博才有存在的基本价值。所以，追热点、贴热点成为微博运营的一个非常重要的动作。

随着信息爆炸，每一个消费者每天都会接收大量的信息，而我们在运营微博的过程中，资源和精力毕竟是有限的。要让有限的资源释放到无限的信息中，还能引发消费者的关注度，追热点和贴热点肯定是一种捷径。每当社会有热点事件发生，我们就会很容易地看到，各种企业的微博不断地刷屏来跟进和呼应这个热点。在早期内容泛滥的时期，甚至有许多运营主体，不顾版权和法律的要求来贴近热点，希望抓住眼球。这样的追求热点，真的能达到我们期望的目的吗？

如果从更加客观的角度来看，追求热点肯定比创造热点要简单，追求热点肯定比完全自说自话要吸引眼球。但如果毫无意义地追求热点，肯定达不到传播的目标和要求。

一方面，追求热点作为早期拓荒时期的运营黄金法则，如今已经逐步失效，原因在于越来越多的运营主体都来追求热点。追求热点的目的是从非热点中脱颖而出，人人都追求的热点，自然就没有了热点，也就无法脱颖而出了。

另一方面，不是所有的热点都适合去追。但我们发现，诸多的微博号不管不顾，任何热点都去贴。明星结婚要贴热点，明星离婚也要去贴热点，甚至明星生个孩子也会去贴热点。这样的贴法，先不说所谓的热点是否真热，而在于这样贴，所产生的内容对我们自身微博的建设意义又在哪里？如果不能贴近我们的目标、用户及自身的品牌性格和调性，这样的热点不贴也罢。

所以，我们需要有更加量化的检测方法来进一步补充我们抓取热点的方法。

第一，我们需要做最基本的评估：热点到底热不热，热点到底好不好。通过现在很多运营工具或者微博工具，我们能很简单地对所谓的热点进行第一个维度的评估。微博毕竟有社交的属性，容易形成圈子效应。一个段子或者一个事件，在这个圈子里面火，并不代表在全国都火；一个内容或者一个视频，在一线城市流传，并不代表在我们的目标用户中流传。我们只有对热点做好基本的评估，才能有选择的第一个条件。

第二，我们需要做最基础的评估：热点到底对不对，热点到底要不要。这种基础评估体系的打造，就需要企业自身建立各种权重和指标。一般而言，都会有以下几个维度：①与品牌的调性是否匹配；②与微博用户的价值是否吻合；③该热点的争议平衡度；④该热点的贴合切入点；⑤该热点的后续传播性；等等。只有吻合我们自身运营目标和要求的热点，我们才能考虑贴不贴、怎么贴。

所以，量化检测不仅仅是效率的检验方法，也是对内容评估的重要手段。有效地使用量化检测的方法，不仅仅能帮助我们利用好热点，更重要的是去选择内容、制作内容、创造内容。

不管是常规的内容生产，还是贴热点，甚至是创造热点，我们都需要用更加科学的思维，采用大数据的方法来进行更加系统的思考，不能在微博运营的各种手段上迷失。

（四）从纯自媒体转到媒介组合

微博是重要的社会化平台，微博运营也是目前特别重要的新媒体运营方式之一。但一提到微博运营，大家的注意力往往会过于集中到"运营"窄小的概念，会忽略微博的其他属性以及"运营"更广义的概念。

比如，大家在微博运营中往往最重视的就是内容生产，一定要有更高质量的段子、更精美的图片、更有影响力的视频等，最多加上 KOL 等辅助手段。很多运营主体的思维和意识一直停留在这个层面。那么我们需要从以下两方面理解：

1. 微博的媒体平台属性

微博确实是社会化运营的重要阵地，做好社会化运营，需要从内容上进一步加强。但微博同时也是一个强大的媒体平台，除了运营主体的微博能发声产生极大的社交裂变外，微博作为一家有影响力的媒体，本身就具备极大的能量。所以，用好微博本身能帮助我们把微博的运营做得更好。

首先，微博的各种常规广告的使用配合内容的传播，就能进一步提高效率。

其次，微博作为媒体方还能有一系列的市场传播活动，比如，微博之夜、微博红包。参与此类活动，借助微博本身的影响力，能够把我们的微博运营更进一步地推进。伊利舒化奶就曾经参与过微博世界杯活动。伊利舒化奶和世界杯足球赛各种流行元素相结合，并在新浪微博世界杯活动官网上广泛曝光，从而使伊利和世界杯的相关博文达到千万条。同时，选取粉丝数多的用户成为活动中的球迷领袖，这些用户参与的不仅仅是微博官方活动，也是舒化奶的活动。从而通过这些球迷领袖的粉丝，又使活动得到了更多的扩散。这样的方式，就是充分地利用了微博的媒体属性，借助媒体平台的力量把微博运营做得更好。

最后，微博作为一个互联网平台，在挖掘数据、使用数据方面也具备先天的优势，我们需要使用好微博提供的各种工具，比如，微博指数等，帮助我们在运营的过程中做决策分析。

2. 微博平台广度的运管

微博是一个开放的平台，不是一个封闭的平台。微博是一个发声的平台，也是一个聚集和落地用户活动的平台。那么，在微博运营过程中，我们自然要用好微博平台的特点，但是，从来没有人反对过，多平台组合最终促进微博运营实现最佳效果。比如，我们要推广一支具备社会化气息的企业产品视频，虽然有各类视频大号能够协助推广，但是，为什么我们不能组合视频网站一起来进行推广运营呢？毕竟，在视频推广中，视频媒体的能力是不可小觑的。将视频网站的能量聚合起来，最终全部落到微博活动上，能让整体的运营效益发挥到最大。如果孤立地在微博上做微博的推广，在视频网站做视频网站的推广，我们的能量不仅没有最大限度地聚合，而且消费者在感知品牌内涵、认知产品的过程中，容易出现信息断层、接收不全面的情况。

微博是重要的自媒体平台，运营好微博，能够实现非常大的传播意义和价值，但不能因为自媒体而孤立地看待微博运营。更全面地看待微博，以及更宏观地看待运营，都能把微博运营推向更好的发展阶段。

二、微博运营的主要方法

微博运营作为非常重要的新媒体运营环节之一，自然有很多运营方法出现。市面上有着各种大号运营方法、微博运营法则等。这些方法和法则，在微博运营的不同阶段，在不同微博运营的状况下，有一些确实能起到一定的作用。综合这些方法和方式，从更加系统和全面的角度来看，微博运营其实需要从三个角度来重点打造。

（一）准确定位

建设好一个微博和建设好一个品牌从某种意义上来说是类似的。所以做微博运营，第一步就是定位。微博需要性格化和人格化，定位不清，不仅仅很难打造持续的内容以及清晰地传达所需要传播的内容，也很难吸引粉丝关注。让粉丝对微博形成持续的关注和印记，明确定位，知道做微博的目的，明确做什么样的微博，建立什么样的风格是关键。

做好定位是为微博性格化服务的，定位的精准与否，有两个非常重要的影响。

首先，这个定位是否清晰、明确、符合我们的要求，如果不是，对我们粉丝的积累等各个方面都会产生非常大的不利影响。

其次，定位后我们的构架、内容、活动等后续所有的搭建都需要围绕定位而生成。定位是检验内容的重要标准。只有清晰明确的定位，才能帮助我们有效地梳理后续运营过程中的所有环节。

精准的定位能成为指导后续运营的指导方针。只有精准的定位才能产出优质而匹配的内容，只有匹配的内容才能吸引目标用户。社会化媒体很重要的功能就是打透圈层，吸引特定的目标用户。同时，用户会被内容吸引而成为不同的以内容、兴趣为导向的不同圈层。在去中心化的时代，消费者不再聚集某些传统的中心，比如媒体、平台，而是会更加聚集在内容和兴趣的周围，形成更多新的中心。

要建立自身的微博定位，打造出自身微博的性格，一般会从三个角度出发。

1. 微博号建设的主要目的

出于不同的目的建立的微博是完全不同的，而且整个性格体系也是不同的。如果微博号是以服务和答疑为主，那么就需要真诚。如果微博号是以传递知识为主，那么就需要专业。如果微博是以促销为主，那么就需要热情。以不同的目的建立不同的风格，能帮助微博运营更加匹配目标用户的喜好，从而更好地做微博运营。

2. 企业与品牌本身的印记

虽然微博的性格是可以打造的，但是也不建议打造空中楼阁，建立一个微博的定位及性格，需要从企业和品牌本身的角度出发。如果品牌本身是充满科技范的企业，那么微博运营成一个心灵鸡汤的段子手肯定不合适。如果企业本身是亲民性质的快消企业，那么微博是一种讲究调性和品位的风格，肯定也不合适。确定企业和品牌本身的印记，并将这种印记在社会化风格下进行延续、强化、升级，一定是最合适的方法。

3. 主流的行业风格和竞品的定位

在微博运营的过程中，一方面，是吸引自身的粉丝，另一方面，一定是抢夺竞品和行业的粉丝。同时，既然是定位，要么符合行业主流的方向，要么就是与行业方向不同，脱颖而出。如果整个快消行业的微博风格都是轻松愉快，充满了"萌趣"的，这个时候自身的定位若过于"萌趣"可能不会让消费者留下印记，如果完全违背"萌趣"，那么消费者是否一定能接受？这就需要研究和决策过程中的智慧了。

移动化时代的到来，让消费者的注意力更加碎片，同时打破了传统媒体的以往聚集能力，要想形成新的注意力和重新聚集新的圈层，就需要更加具备指向性的内容。微博的定位，归根到底是内容和运营的定位。只有清晰定位，才能从根本上确保消费者能否重新聚集。

（二）经营内容

微博的运营是一个长期积累的过程，一方面，积累信息，在积累更多价值观正确的信息的同时进行信息的输出，持续对我们的用户形成影响；另一方面，积累粉丝，积累更多价值观一致的粉丝，从而影响用户，打透圈层。那么，内容是形成这两种影响的最关键环节。内容是表达信息、传递价值观、承载信息的载体；内容也是吸引粉丝、积累粉丝的关键要素。只有对内容进行深度经营，做到微博内容化，才能实现我们微博运营的目标。

在内容的运营上，许多运营的主体最容易犯的错误是自说自话，完全讲自己，把微博当作企业的内刊；或者走向另外一个极端，完全以用户为导向，用户喜欢什么说什么，用户讨论什么自己讨论什么，又完全地失去自我。这两种极端都不建议出现。那到底应该如何规划和运营内容呢？

1. 内容的整体构架规划

内容应该遵循的核心要素是定位，在符合定位的前提下，需要对内容的整体构架做全面的规划。一般而言，会从三个角度来做构架的规划。

（1）企业（组织或者个人，以下统称为企业）角度

微博号是企业的微博号，是企业作为主体传播内容和吸引粉丝的平台，那么首先就应该从企业本身的角度来做规划。一般情况下，会从品牌层面、产品层面、营销节点层面来做内容的规划。

从品牌的层面，品牌需要传播什么内涵，品牌有什么重大的节点，品牌有什么内容需要强化？

从产品的层面，产品有什么功能卖点，产品有什么重要销售渠道和活动，产品有什么升级换代信息？

从营销节点层面，营销有什么重要促销时间点，营销有什么重大促销事件，营销有什么重要活动？

考虑以上三个层面，按照事件的顺序来铺排，做成一张完整的时间和事件的规划表，按照月度，针对每一个重要的节点再进行下一步的细化规划。用这样的方法，既能统一地看到整体的节奏和安排，从而检验是否符合整体的定位，又能非常清晰地看到每一个关键点，保障在每一个传播的节点上，考虑企业的方方面面。

（2）用户角度

微博运营的核心目标之一就是吸引用户。我们需要时刻关注目标用户在互联

网上的一切动向和潮流趋势。因此在微博运营精耕内容的时候，需要紧密贴近用户，才能生产出用户喜欢的内容。

贴近用户、从用户角度出发，不仅仅是一个口号，更应该落在实处。从做微博运营的框架及时间形成上来说，首要任务是准确把握用户关注的时间节点，即他们热衷的节日，如情人节、圣诞节等。以时间节点为核心，在用户最关注的时刻规划进去我们的内容，这样与第一个角度配合，就能形成更好的传播构架。

但仅仅是规划一下时间还不够，更重要的是，我们需要洞察到用户在这个时间点的真实想法，并且连接到企业的角度。以中秋节为例，我们首先应该规划到这个时间节点，但在中秋节来临的时刻，我们去单纯地讲述我们的产品故事，肯定没有用户愿意听，我们单纯地祝福大家中秋节快乐，肯定也不行。这个时候就需要我们去做更深入的洞察。将企业的角度和用户的角度，通过内容的构架和对消费者真实想法的洞察进行连接。对于年轻消费者而言，中秋节是什么？只是一个月饼节吗？每年千篇一律地过月饼节，吃个传统月饼是不是特别没有新意？如果我们能发现消费者的痛点，在中秋节不仅仅让消费者吃个月饼，更多的是让消费者来"玩"月饼，加入 AR、VR 等元素，让这个中秋节过得不一样，是不是更能打破常规的形式，更容易打动消费者的内心呢？在"玩"的过程中，植入运营的企业信息和品牌信息，这样的点评、点赞和用户之间的转发，是不是就会更多呢？

（3）社会角度

我们在社会化媒体上运营，希望能够吸引更多的社会化用户，如果不能随时抓住社会的舆论、社会的潮流，我们生产的内容肯定不能打动消费者。

和前面两个角度类似，一方面，我们需要提前规划出社会的常规节点，比如，国庆节、两会等跟国计民生相关的大节点，并且这些节点也要与企业本身吻合。

另一方面，与前面两个角度又不一样。从企业的角度和用户的角度，我们一般都能把时间节点拉得很长，至少能做半年的规划。社会化角度半年的规划需要做，但更需要做的是实时地调整计划，通俗来说，就是追热点。

这里要强调的是整体的规划性与日常的计划性。在日常，我们需要保持更快的反应速度和创意写作的能力，与实时热点相匹配，生产出符合企业利益、满足消费者喜好的内容。需要把长期规划和短期计划结合起来，才能真正实现从社会角度来做内容的构架规划。

2. 内容的实施重点

做好基本的构架规划后，就应该在这样的规划下，丰满我们日常的内容。一般来说，在内容的实施过程中，有两个重点需要注意。

（1）内容实施的频率和节奏管控

在实施内容的过程中，发布的频率和节奏的管控非常重要。社会化媒体有一个很重要的特性，就是免费。既然免费，很多人认为那就多发一些内容吧，结果事与愿违，大量的内容产出，不仅让内容运营方辛苦不堪，而且让用户负担很大，最后在内容质量下降，而且不停地骚扰用户之后，大量掉粉。

那么应该如何保持频率呢？一般来说，肯定要有持续性，在没有重大变故的前提下，一定不能断更，每天都应该有发布。同时，每天发布的内容在没有重大节点（新品发布会直播过程中，可以略微多发一些，但尽量也不超过 10 条）的前提下，尽量不超过 6 条。这样的节奏是目前用户比较能接受的。

发多少条需要控制，什么时候发也是有讲究的。一方面，我们要了解用户；另一方面，要根据一些情况有针对性地调整节奏。频率和节奏的管控关系到内容生产后，消费者是否能接收到，做好了能起到事半功倍的作用。

（2）内容的呈现方式和表达规范

既然是做内容的运营，那么就应该用更加匹配的呈现方式和表达种类。在考虑运营费用的同时，原则上不是表达的方式及种类越丰富效果越好，而是选用更加匹配和走心的方式才更有效果。

微博内容运营，最基础的就是 140 个字的表达，但是，单纯的汉字不仅无法吸引消费者的注意力，而且也不一定能完全传递清晰的信息。所以第一步就是配图，形成图文。图文的搭配需要考虑相关性、原创性（或者版权）、创意性等基本法则，原创性是最容易忽视的原则。网络上有很多段子符号、段子图片等，确实能引发更多的共鸣。但是，作为企业是无论如何也不能随便使用的，因为涉及名人肖像权等一系列的法律问题。所以在搭配图文的过程中，既要更好地表达，又要注意到版权和法律的规定。

除了图文，微博内容运营还有一些主流的形式，比如，海报（纯图）、漫画、长图文（图文的升级版）、长文、视频等。在使用这些形式的过程中，一定要注意微博内容呈现方式的客观规律。一般来说，长文是具备文字和内容运营的大号使用，推出小短篇文章，或者是一个重要信息的发布。如果企业发布长文，一般互动的效果都会很差。视频也是类似。如果是电影一样长的大视频，发布在企业微博上，肯定效果不佳，现在发布视频一般都要控制在 3 分钟以内，甚至为了更广泛地传播，会把视频做成 10 秒钟的 GIF。

这些内容呈现方式和表达规范，都是在用户行为变化和微博规则变化的基础上产生的。了解和遵循这些规范，才能把合适的内容，在适合的时间，让合适的用户真正看到并感知。

3. 内容的不断创新

既然是做内容，那么就一定要避免千篇一律，最吸引消费者的方式就是不断创新。只有创新才能产出更加优质的内容。一般来说，出品好内容，需要遵循几个原则。

（1）简单原则。微博上的信息铺天盖地，要想脱颖而出，必须做到极致。而在短、频、快的状态下，必须做到简单。微博上尤其突显"少即是多"，只有简单，才能真正地让用户在最短的时间内清晰地接收内容。

（2）逆向原则。简单地来看，脱颖而出就是和别人不一样。微博上随大溜一定是主体，那么要创新，必须在适当的时机来推动逆向思考。来点不一样的，来点与其他内容不同的，才能抓眼球、抓注意力。

（3）开放原则。在生产内容的过程中，需要更加开放的心态、更加开放的思维和更加开放的方式。微博运营和 PR 不同，PR 的运营过程中要求声音一致，不能有一点负面。但是在社会化运营的过程中，如果没有负面的声音意味着没有矛盾，没有矛盾就不会有话题，没有话题就根本不会有影响力。只有开放，才能脑洞大开，才能不被条条框框束缚住，才符合微博运营的法则。

（4）第一原则。微博运营因为其影响力之大和运营主体之多，一旦形成潮流，必然有大量跟随。所以在微博运营中，需要时刻保持第一。虽然无法做到永远在创新的道路上保持第一，但我们要做到保持第一阵营，保持第一时间反应。这样才是微博内容创新的坚固基础。

微博内容的经营，是一个日积月累的过程，是一个精耕细作的过程。在总结方法的基础上，需要不断优化，才能让我们的内容不断进化，这就需要从构架、形式、创新等多维度不断完善，最后才能产生更好的内容。

（三）互动环节

在做好准确定位、经营内容后，第三个关键环节就是互动了。微博运营的目标一定不是让我们的粉丝光看不说，光说不做，而是期望我们能和粉丝建立真正的社交关系，那么互动就是尤为重要的一个环节。甚至在某种意义上，微博运营有"互动大于内容"的说法，就是因为互动很多时候能够简单、直接、快速地增加粉丝、获得好感、扩大影响。

微博如果单纯从功能上而言，互动无非就是"加粉""转发""评论""赞""私信"等几种方式，但是为了让微博号和粉丝之间产生这一系列行为，却有很多种方法。

我们可以通过微博的沟通来互动，我们也可以通过具备强大号召力的内容来互动，但互动的基本方法是活动。活动是目前与粉丝互动的主流方式之一，也是效率较高的方式之一，我们不排除有的微博运营能和大量的粉丝进行一对一沟通交流，解决每一个粉丝的问题，吸引每一个粉丝的关注度和培养每一个粉丝的忠实度。但这样的方法效率较低，比较适合小范围内的个人微博的运营。一旦涉及企业或者组织大号的运营，我们就需要用更加科学有效的方法。

从表面来看，一般有四种活动方式可以举行，具体如下。

1. 回复型的活动

就是最基本的通过回复来获得奖品的活动方式。比如，在微博上发起抢楼、点赞，然后即可以参与抽奖。这种活动方式简单直接，能迅速带来人气和粉丝。但缺点是门槛太低，导致用户与企业之间的沟通不强，过于简单粗暴地聚集人气。

2. 参与型的活动

就是通过简单互动获得奖品的活动方式。这种方式也是以获得奖品为目的，但是参与门槛比第一种高。比如，在微博上发起竞猜时间、竞猜价格等方式的活动，用户与品牌之间虽然也有了互动，消费者在参与活动的过程中至少会思考与品牌相关内容，但大量用户是活动粉，即有活动就活跃，无活动则不活跃。

3. UGC 型的活动

通过创造一定的内容来参与活动。用户需要对活动和品牌进行一定深度的思考，才能有效参与。比如，在微博上发起征名、晒照等活动，这种活动在举办的过程中，用户能产生大量的 UGC，这些内容如果运营得当，能够得到大量的二次传播。从传播的角度而言，UGC 型活动影响力会变大，但有了一定的门槛后，参与的广度会受到影响。

4. 组合型的活动

通过整合营销的设计而让用户通过特定方式来参与活动。活动往往会跨平台，将多种方式进行组合，或者活动的某个环节是落地在微博上进行。这种活动往往需要有大量的资源投入整合传播中，并且对企业的知名度以及微博本身的粉丝量有要求。比如，晒单抽奖，这种方式虽然看上去是第二种活动，但前提是用户参与了线上或者线下的促销活动，才有晒单的可能性。这种活动门槛最高，参与人数最少，但是对粉丝的精准传播最好。

在实际的运营过程中，如果想达到理想的互动效果，一方面，需要组合使用各种运营方法，活动是很重要的一部分，但不管哪种活动方式都有自己的优劣势，除了活动以外，我们的日常内容、粉丝交流都是构成互动的一部分。另一方面，要达到效果，既不能拍脑门，也不能唯经验论。需要以数据为导向，进行更加科学的互动管理。我们需要关注三个非常重要的数据：用户数据、内容数据和活动数据。

第一是用户数据，即反馈微博粉丝关注数的数据，比如，每月新增多少粉丝，粉丝性别、地域、年龄等属性。粉丝用户数据，可以看到我们基本的运营指标数量是否完成，也可以看到我们用户属性的基本质量是否完成。对用户数据的分析，关系到整个运营体系和目标的下一步决议。

第二是内容数据，即反馈内容数量和用户反馈的数据，比如，发布多少文章、曝光量、阅读量等。这些数据可以非常清晰地反映出内容的质量如何，以及消费者对内容的反馈态度，甚至可以从另外一个角度看到粉丝的质量如何。

第三是活动数据，即反馈微博粉丝参与活动的数据，比如活动单条微博的阅读量、曝光量等。虽然评估的维度和内容数据比较类似，但活动数据需要我们将活动微博和内容微博做对比分析，需要对简单活动和复杂活动做对比分析，从而看到活动的效率和效果。

　　微博运营是兵家必争之地，做好微博运营是现代化企业和组织的必要课题。但微博的运营不是简单地发文章、做活动，微博的运营也不是简单地找个运营团队就能解决的。微博的运营是一个体系化的过程，也是一个数据化的过程，更是一个需要随着微博的发展、用户的变化、营销和运营方式的升级而不断进步的过程。

第三节　微视频的运营模式

　　随着互联网技术的迅猛发展，微视频已成为现代信息传播的重要载体之一。凭借其短小精悍、内容丰富的特点，微视频在信息传递、娱乐休闲、知识普及等方面发挥着巨大作用。本文将探讨微视频的运营模式，以期为相关行业的健康发展提供有益参考。

　　微视频是指时长在几十秒至几分钟的视频短片，其内容涵盖了新闻、广告、教育、娱乐等多个领域。微视频的特点在于其时间短、内容精、传播快，能够迅速吸引观众的注意力，并在短时间内传达大量的信息。

一、微视频的运营模式特点

　　第一，内容生产：高质量的内容是微视频运营的核心。要打造出受观众喜爱的微视频，必须关注内容的创意、策划和制作。在内容生产过程中，应充分考虑目标受众的需求和兴趣，力求创作出具有吸引力和价值的作品。同时，要注重内容的品质和形式，以提升用户体验。

　　第二，平台选择：选择合适的平台对于微视频的传播至关重要。不同的平台有着不同的用户群体和传播特点，要根据微视频的内容和目标受众选择合适的平台进行发布。同时，要充分利用平台的推荐算法和数据分析工具，提高微视频的曝光率和传播效果。

　　第三，用户互动：与观众建立良好的互动关系是提升微视频影响力的有效途径。通过及时回复观众的评论和反馈，增强用户的归属感和参与感。此外，可以通过举办线上线下活动、发起话题讨论等方式，引导观众参与到微视频的内容创作和传播中来，提高用户黏性。

第四，数据分析：运用数据分析工具对微视频的传播效果进行监测和分析，有助于优化运营策略和提高内容质量。通过分析观众的观看行为、停留时间、互动情况等数据，可以深入了解观众的喜好和需求，为后续的内容创作提供有力的支持。

第五，合作与品牌推广：与其他领域的优质内容创作者或品牌进行合作，有助于拓宽微视频的影响力和覆盖面。通过跨界合作、联合推广等方式，可以实现资源共享、互利共赢的目标。同时，要注重品牌形象的塑造和维护，提高微视频在市场中的知名度和美誉度。

微视频的运营模式是一个综合性的过程，涉及内容生产、平台选择、用户互动、数据分析和合作与品牌推广等多个方面。在竞争激烈的市场环境中，只有不断创新和完善运营模式，才能在微视频领域取得长足的发展。

二、微视频运营案例——"美拍"

（一）注册、登录"美拍"

以手机操作系统为 iOS 的苹果用户为例，在 AppStore 中搜索"美拍"并下载。打开"美拍"App，首次启动时会弹出若干对话框，用户必须先进行选择，完成后也可在手机系统"设置"中进行调整。

进入"美拍"主页面后，点击右上角红底白字的"登录"按钮进行美拍账号的注册。同样，如果用户已有微信、QQ、微博账号，也可免注册直接使用上述账号登录。

（二）"美拍"的功能介绍

美拍的主界面底端有五个标签页面，从左至右分别是"首页""关注""拍摄""发现"和"个人"。除"拍摄"外，其他四个页面与"微博""一直播"等常见 App 的相关功能都大同小异，在此不再赘述。

　　点击"拍摄"标签，则可进入拍摄短视频、拍摄照片以及进行直播的页面。拍摄短视频是"美拍"App 最核心的功能，点击画面中下部的白色圆环则可开始拍摄，其上方的按钮则可选择拍摄时长，如 15 秒、60 秒等，中途可再次点击暂停拍摄完成后点击右下角白底绿色钩可进入下一步，对拍好的短视频添加滤镜、字幕、特效或进行简单剪辑。随后点击右上角的下一步可对短视频添加描述、标签（tags）、封面等，并将其分享到微博、微信等社交平台。

　　另外，在拍摄主画面中，通过右上方的"导入"功能，可添加手机中的其他现存视频并通过美拍优化编辑。"导入"旁边则有齿轮状的"设置"和相机状的"镜头转换"功能。"设置"可为拍摄的人物对象增加美颜效果，可添加音乐、闪光灯、延时效果等，也可设置全屏或 1：1 的正方形屏幕；"镜头转换"则是调整前置、后置摄像头的功能键。主画面下方，分别有"魔法自拍""滤镜""灵感库"等按键，其中"魔法自拍"可为画面添加有趣的贴纸效果；"滤镜"可在拍摄前提前为短视频预设特殊色调效果；"灵感库"则分享了许多有创意的美拍短视频，以供拍摄者参考。点击页面左上角的向下箭头可放弃已拍好的视频，或退出拍摄功能。

　　此外，美拍用户还可登录美拍官方网站查询更多的拍摄技巧与功能，例如，"如何为照片添加表情文""如何拍摄快进短视频"等。

（三）"美拍"的视频创意

　　为了使"美拍"拍摄的短视频能够获得更多的关注和流量，甚至获得美拍官方的推荐，构思一个良好的视频创意是必不可少的环节。

　　1. 创意的概念、功能及特征

　　所谓短视频的"创意"（Creative Wea），是指为达到视频传播、促进产品销售等相关目标，经过创造性思维过程而获得的好的主意和点子。

　　美拍短视频中的创意，首先，可以吸引其他美拍用户，更多的是非美拍平台，如微博、微信等社交媒体用户的注意，为视频传播目标的实现打下良好的受众基础；其次，短视频中的创意可以加强观众对视频内容的记忆，并对其保持浓厚的兴趣；最后，好的短视频创意，可以促进消费者购买模式在各个阶段的推进和跃进，引起其产生购买或其他相关行为，这也是相关短视频团队、品牌、厂商变现的核心保证。

一个好的短视频创意，应符合以下特征。

第一，创意需要切中视频的主题：可通过 USP 理论（Unique selling proposition 独特的销售主张）、FAB（Fenture Advantage Benefit 属性、作用、益处）法则等进行视频主题、内容与创意之间的相互连接。

第二，创意必须易于受众理解：视频信息在创作者、接收者之间传递，遵循着基本的传播模式，在短视频创作者编码、观众解码的过程中，双方必须使用同一套符号信息系统，类似于使用同一门"语言"进行交流，而易于理解的"创意"就是处理好创造性思维所富含的信息如何被大众良好接受的问题。

第三，创意必须有创新性：显而易见，没有创新性的创意不能称为"创意"，只能称为"想法"或"点子"。而创意的创新性主要表现在其思维角度、想法等突破常规、独树一帜，给人以恍然大悟、醍醐灌顶之感，获得意料之外又在情理之中的乐趣。

2. 创意的思维方法

创意的思维方法有以下几种：水平思考、垂直思考、反向思考、联想、二旧化一新等。

水平思考是一种横向扩展型的思考，具有多角度和互不相关性。例如，一个人肚子饿了需要吃东西，此时脑子里出现的火锅、中餐、日本料理等就是一种水平思考。

垂直思考与水平思考相反，是一种纵向深入型思考，具有方向一致性和相关性。例如，倘若一个人已经决定了吃火锅，那么会继续考虑锅底、配菜、主食、点心、酒水饮料等，这就是典型的垂直思考。

反向思考则是一种不同于常规逻辑的逆向思考方法，例如在视频创意时可考虑"水往高处流，人往低处走""如果冰箱是热的""如果冬天开冷气""如果男人变成女人，女人变成男人"等。此外，《西游记》中的"女儿国"，《镜花缘》中的"君子国"都是反向思考产生诱人创意的典型案例。

"二旧化一新"也是产生优秀短视频创意的重要方法之一。它是指两个原本相当普遍的概念、想法、情况，或者是两个完全相互抵触的事件结合在一起，最终偶然得到一个前所未有的新组合，产生更令人惊喜的创意新构想，原本极其普通的薯条，以烟花的形式组合在一起，形成了令人眼前一亮的新事物。

3. 视频的创意工具

运用水平、垂直、反向的思维方法，通过联想这一思维基础，短视频创作者在构思创意时，可以使用"思维导图""Mood Board"等创意工具。

"思维导图"是运用图文并重的方式，根据一个中心关键词，以辐射线的形式连接其他所有发散出的字词、想法或关联项目，把各级主题的关系用相互隶属的层级图表现出来，在中心关键词与其他元素、图像之间建立起记忆链接。其中，从中心关键词发射出的一条条线索属于水平思考，而沿每一条单独的线索不断推进则是垂直或反向思考。思维导图可以协助短视频创作者在艺术、逻辑与想象之间平衡发展，从而激发大脑无限的潜能与创意。在实际应用中，短视频创作者可以运用"百度脑图"绘制思维导图，将视频的主题定位为中心关键词，最终将思维导图的结果转化为可用作视频拍摄的脚本或文案。

"Mood Board"的中文叫作"情绪板"或"灵感来源板"，是一种帮助创作者搜集素材，形成灵感思路的实体工具。Mood Board 通过对创作对象所被认知的色彩、影像或其他相关材料的收集，可以引起创作者的某些情绪反应，作为设计方向与形式的参考，因而被广泛地应用在设计、营销沟通、视频脚本的创作当中。

第四节　手机客户端的运营模式

一款商业性质的 App，从开始搭建到不断地拉新、促活和留存，其最终的目标都是通过转化来提升商业价值。虽然 App 整个市场目前已经发生了翻天覆地的变化，但是主流的盈利模式依然是以以下三种为主。

一、用户付费模式

用户是 App 运营的最重要的核心。挖掘用户价值是商业模式变现的核心方式。如何让用户付费，是这类 App 运营过程中的最主要课题。用户付费的主要类型有以下几种方式：

（一） 用户直接付费的模式

最典型的就是 AppStore 里面的付费下载。一般这种 App 付费下载以后，后续的服务都是免费的，但是需要和应用商店来进行分成。另外一种典型的就是美团、滴滴出行、ofo 共享单车等 O2O 模式的 App，线上免费下载，使用其功能过程中需要直接付费。

（二） 用户免费增值的模式

在这个类型里面，游戏是最典型的产品，一般都采用这种下载免费但道具或者皮肤收费的方式。王者荣耀就是典型中的典型，整个游戏免费，谁都能下载并玩，但是如果想要在竞技过程中获得更大优势，需要购买皮肤。

（三） 点播和包月的模式

常见的点播服务例如图书、电影类 App 等。常见增值服务包月订购，如掌阅、QQ 阅读、爱奇艺。这类 App一般都会以免费部分内容来吸引用户，再以独家资源等形式来引导用户点播或者包月。

二、广告运营模式

很多 App 会为用户提供日常的使用功能，这些功能对用户具备相当大的日常使用价值，但是用户又无法为这款 App 进行付费时，那么就需要进行流量变现，流量变现的最主要方式就是广告运营。当一款 App 聚集了大量的用户之后，其实就具备了基础的广告介质。在广告的运营上，一般有以下两种模式：

（一） 独立售卖广告的模式

这种体系一般都是适合中大型的 App 或者媒体类型 App，比如，常规新闻类的今日头条、一点资讯。常规的视频类，如优酷、爱奇艺，更不用说 BAT 这种巨头型的公司。在独立售卖的过程中，一般又采用广告位售卖+SSP 售卖的方式。广告位售卖是指，把 App 中的广告进行筛选，按照 CPC（Cost Per Click，每点击成本）、CPM、CPD（Cost Per Download，每下载成本）等模式直接卖给独立的客户，又或者以打包资源包的方式进行售卖。SSP 模式是指把剩余流量打包，对接各种 DSP 公司，然后分散式地售卖出去。

（二）广告联盟的模式

这种体系一般都适合中小型的 App，因为这类 App 的规模比较小，很难组织自身的广告销售，所以会把 App 里面的广告位直接对接给广告联盟的公司，以 DSP 等方式通过联盟广告公司来进行销售。

三、平台组合模式

在移动互联网的发展过程中会出现越来越多的平台性质的公司。这类公司在把 App 打造成为平台性质以后，就具备了复合型的营销模式。比如，微信既有广告收入，也有增值收入，也会有游戏、电商等其他收入。再如，天猫，既有针对商家的售卖分成收入，或者平台搭建等服务收入，也有针对商家的广告推广的收入。这种复合型收入会是各家 App 都期望实现的模式，但是前提是必须成为国民级别的应用，成为用户不可或缺的应用软件。

因此，从互联网时代开始到现在的移动互联网阶段，一直都贯彻着"得用户者得天下"的理念，只有更多用户聚集，更多用户活跃，更多用户留存，才有商业变现的价值。

第六章

社群类新媒体的运营模式探究

社群类新媒体以其独特的定位和价值，吸引了大量用户的关注和参与。本章将围绕社群定位与价值分析，以知乎和百度贴吧等典型社群类新媒体为例，深入探究其运营模式和成功经验，为其他社群类新媒体的运营提供有益的参考和借鉴。

第一节　社群定位与社群价值分析

一、社群的要素分析

社群就是通过社交平台聚集在一起的用户群体，他们有相同的属性、统一的目标，通过互相协作达到某个目的，实现某种价值。

当这个社群的属性越相似，目标越精准，这个社群创造的价值就越大。所以说一个社群必须具备以下三个要素。

（一）具有相同的属性标签

社群是一群属性相同且有共同目标的人，通过相互鼓励或者互相协作的方式达到某个目的，实现某种价值。例如，组建一个社群，每天讨论一个摄影技巧，年底出一个群友的摄影合集；组建一个社群，每天讨论一个育儿知识，帮助每个妈妈成为育儿达人。

（二）具有相同的目标

社群的目标是以社群的定位为导向的，所以建立社群前必须明确社群的定位，才可以实现后续的规划和运营。如果明确是产品类的社群，则社群里的大多数粉丝关注的是这个产品的本身和品牌的价值；而知识类的社群，用户普遍关注的是自身的发展，用户看重的是在这个社群中能否实现自我价值的提高。

（三）具有专属的运营制度

运营制度决定了社群的寿命长短，每个社群都需要有自己的运营制度，设立严格的群规，成员行为有奖惩，确保社群的规范；通过有组织的讨论和分享的活动确保群内成员的参与度；对群内的事务进行分工、协作和规划；通过线上线下的活动保证群内的凝聚力。

假设要创建以"育学园"为背景的母婴社群，那么就要会聚宝妈群体，以母婴用品和育儿教育探讨为主，辅以生活小技巧及线下举办的萌宝活动，引领宝妈群体学习优秀的育儿经验，帮助宝妈解决育儿难题。

打造社群，一定要能够带来某种价值，没有价值的社群是无意义的，也无法长久。因此，社群就是有共同属性，每个成员都有统一的目标，为了实现某种价值而不断聚集的群体。

二、对社群的定位

（一）社群的特征

一是虚拟性。社群存在于虚拟互联网中，这就代表着社群人员的身份以及位置都是虚拟的。没有实际意义上的地理位置，因此不受空间的约束，并且社群成员在刚开始融入社群的时候都会以匿名的方式存在于社群中，有些社群成员可能并不知道与自己交流、互动的人的真实身份。社群的虚拟性可以给社群成员带来一定的安全感，在虚拟的社群网络中大家可以畅所欲言，让企业在社群中获得更好的营销价值。

二是平等性。社群就是一个互相平等交流的群体。

三是基于兴趣。社群通常是来自不同地区的不同成员自发组织形成的一个互相交流的群体，而在构建群体中，兴趣是最好的催化剂，大家可能是基于对某一产品、行为、标签或情感而聚集在一起。

（二）社群的类型

1. 产品类的社群

产品类社群用一个产品来维系社群成员，是一种让产品不再单一的承载工具，它还是承载趣味与情感的桥梁，可以将产品与营销、分析、管理结合。简单而言，产品类社群就是一个因为产品而聚集在一起而形成的社群，企业可以利用社群的影响力和传播力来激发成员的参与度和活跃程度，为企业带来持久的利润。例如小米在研发 MIUI 系统时，让企业初次创立时精心挑选的 100 名超级用户参与 MIUI 系统的设计、研发中，之后小米科技利用这 100 名成员的口碑推广，迅速将 MIUI 系统推广到市场中。

2. 知识类的社群

知识类社群是指成员间相互分享知识和经验的社群，虽然该社群也是以学习为主，但是与学习类社群还是有所区别的。知识类社群的成员可以自行决定是否参与社群活动，并可以分享自己的经验和知识，群成员之间通过相互学习，从中得到相互的肯定和尊重。而学习类社群就是通过群主来组织活动，通过"知识领导者"来学习知识，交流经验。比较出名的知识类社群包括以下几种。

第一，秋叶 PPT，以秋叶大叔为精神领袖的知识社群。旨在带动职场新人思考、总结和分享，致力打造 Office 和职场系列在线课程，通过提供软件技巧、职场技能等干货知识，帮助更多大学生顺利适应职场，让更多职场人提升职场技能，从而高效率、高质量地完成工作。

第二，果壳网，主要邀请一些有意思的青年来分享他们独特的知识兴趣，旨在创建一个欢乐多元、开放有益的交流平台。

3. 学习类的社群

学习类社群是由一群热爱学习的人聚集在一起形成的，是一种自发式的学习组织，所有组织工作由群主完成，社群内的活动内容一般以学习为主题。

4. 兴趣类的社群

兴趣类社群是基于人们共同兴趣聚集在一起而形成的社群，这类群体的情感性非常强，主要依靠相互之间的情感建立高强度的链接，比如，体育运动社群、自驾旅游社群、同乡会社群，一般兴趣类社群的建立都比较偏好于个人的爱好。

（三）确定目标群体

确定了社群定位，接下来就要确定目标用户群体。

1. 消费类群体

社群生产内容，创造价值，就要有用户来消费，通常可采取以下措施精准地找到消费用户。

一是根据社群内容确定用户画像。社群是以"解决育儿难题"为目标，分享的内容自然也是以"育儿"为核心。很明显，社群的受众是有宝宝的妈妈们，这是用户群体的共同标签。但是，并不是所有的宝妈都具备育儿观念，所以实际上要找的用户是有育儿观念的宝妈。

二是根据社群类型确定用户获取途径。根据上面所提到的，社群的消费群体是有育儿观念的宝妈，但如何才能确定她们有育儿观念呢？

根据社群类型的定位判断，我们创建的社群是围绕"育学园"来运营的辅助型群体，所以社群成员的获取途径可以通过"育学园官方店"产品买家、育学园公众号高质量粉丝及线下门店咨询者来引流，将社群当成"育学园"品牌的忠实用户聚集地。

2. 分享类群体

社群内容的生产是为了给消费群体创造价值，而价值创造者即是社群的分享群体。分享群体一般由业内专家、产品卖家及运营人员组成。分享群体向社群输送优质内容，从社群获得收益。比如，业内育儿专家在社群内开设讲座，讲述"婴幼儿睡眠习惯养成"系统课程，成员想要听课就要缴纳会员费；产品卖家在社群内提供专属的购物通道，成员购买享有 VIP 优惠价；等等。

（四）打造品牌意识

品牌意识至关重要，在建立社群之初就需要花费更多精力来经营自己的品牌，品牌不仅可以促进产品销售量的增加，还可以提升团队的荣誉感，开展有效的商业拓展活动。例如小米的"发烧群"、秋叶大叔的"知识 IP 大本营"、剽悍一只猫的"剽悍江湖"、张天一的"伏牛堂"等知名社群，均是从一开始就把"品牌"的意识植入社群当中。

三、社群的价值

第一，内容价值。定期给社群成员提供最新资讯、文章及培训等，分享最新育儿知识等。

第二，平台价值。组织或者帮助会员组织一些活动，让他们找到志同道合的人，有共同认同的长期目标和价值观。打造一个平等交流、资源共享的平台，在这里成员可以找到很多人帮助自己，也能得到各行业人士的专业意见指导。

第三，资源价值。社群内的资源是共享的，相互间可以得到很好的匹配。宝妈们可以为卖家创造收益，卖家为宝妈们解决需求，产品卖家、业内专家、宝妈们都能在社群找到自己想要的资源。

第四，咨询价值。对于社群中大部分普通成员来说，她们没有专业技能及育儿经验，生活中难免会遇到一些困难，但是她们可以在社群内求助，得到解决困难的办法，这即是咨询价值。

第二节　知乎运营——"发现更大的世界"

一、知乎的认识

（一）知乎的简介

知乎成立于 2011 年初，是目前中文互联网较大的知识分享与社交平台，它会聚了大量国内外不同领域最具创造力的人，社区内容偏于认真、专业。其平台让人们可以随时通过计算机、手机等设备便捷地分享彼此的知识、经验和见解。用户通过知识建立信任和连接，对热点事件或话题进行理性、深度、多维度的讨论，找到感兴趣的高质量内容，打造和提升个人品牌价值，发现并获得新机会。

知乎的本质是一个网络问答社区，用户通过发布问题、回答问题互相分享资讯，为中文互联网源源不断地提供多种多样的信息。其实，知乎更像一个论坛，用户围绕着某一感兴趣的话题进行相关的讨论，同时，可以关注兴趣一致的人。

（二）知乎的核心产品及基本功能

知乎社区的核心产品与基本功能主要有知乎问答、知乎话题、专栏文章及赞赏、知乎圆桌、知识市场及知乎日报几大类。

知乎问答：知乎通过提问和回答这一知识传递最古老、最基本的方式，建立起人与知识的连接。通过问答和人的节点，知乎编织了一张知识之网，使人们能够利用这张网按照自己的兴趣汇集自己的知识收藏，积累知识资产。

知乎话题：知乎中的"话题"是一种"标签"（tags），也是一种将海量的知识信息准确分配给感兴趣的人的通道。知乎通过用户选择并关注话题，把信息沉淀在合适的地方，方便被反复利用。知乎的话题无所不包，具有丰富的内容和可扩展性，成为再组织和发现信息的高效入口。此外，话题页面的"索引"功能，是集中呈现优质内容的结构化目录，能够满足用户对某个领域主题的查询以及由浅入深、全面获取内容的需求，帮助用户搭建起扎实的知识体系。

知乎专栏、文章及其赞赏功能：知乎专栏是一个为专家型作者打造的内容平台，主要是为了鼓励他们按照特定主题持续积累有深度的文章，树立行业权威和专业品牌。专栏支持多人协同维护、创作，专栏中的文章将第一时间通过通知的形式推送给专栏的关注者。文章也是知乎的一种重要的分享和讨论形式，是每一名专业人士展示自己才华的空间。此外，专栏赞赏是知乎基础功能的延伸，知乎希望在保护内容原创者的权益上，可以借此让优质的内容作者依靠知识分享获取收益，让内容原创者获得尊重。

知乎圆桌：知乎圆桌是不受地域和时间限制的专家研会和行业"聚义堂"。每场圆桌将邀请一位主持人和四位以上有多年行业经验的嘉宾共同发表见解，解构行业，分享他们的探索与洞察。圆桌参与者可以对主题提问并邀请参与活动的各位嘉宾回答；同时，参与者还可以评论嘉宾的回答或者和嘉宾一同回答问题。

知识市场：知乎的知识市场包含了知乎 Live、知乎书店、知乎电子书。

知乎 Live 是一种移动互联网知识分享的新形态，是未来移动讲座或移动课堂的雏形。在知乎社区原有的问答等产品基础上，知乎 Live 提供了全新的实时语音互动问答体验。根据现在移动端场景的使用习惯，知乎 Live 内置于知乎 App 中，主讲人可以用语音和图文，以及即将增加的视频等形式，围绕主题分享经过精心准备的讲座内容，听众可以直接提问并当场获得解答。知乎书店将知乎直接出品的电子书和与出版机构合作出版的一系列精选图书上架，将图书的传播、购买、阅读、讨论和延伸阅读等环节链接在一起。知乎以书为节点，串联起了作品、作者、关于书所涉及的话题的讨论，以及对这个作品或作者感兴趣的人。

知乎电子书是由知乎策划、制作的优质读物，目前一共有四个系列：免费的《知乎周刊》、付费的《知乎周刊 Plus》、"一小时"系列与"盐"系列。与传统出版推出的电子书不同，知乎利用话题热度、搜索数据等发现用户感兴趣的选题，针对选题进行深度编辑，将内容更好地结构化，让读者能在短时间内进行深度阅读。

知乎日报 App：知乎日报是知乎社区的小喇叭广播，它集合了知乎社区用户每天在讨论的热点话题，集中面向社会更广泛的资讯消费人群发布"知乎上的人如何看"的声音。

（三）对知乎用户的分析

知乎用户具有以下特征。

第一，中青年和新兴中产占主流，多元化已经成为知乎用户的主要特征。

第二，超过七成的用户使用知乎的目的是搜索专业内容以达到自我提高的目的，专业知识分享和有趣的话题内容最受他们关注。

第三，用户对知乎的使用黏性和满意度也较高，认为知乎内容专业、观点原创。在用户使用黏性上，知乎凭借 11.2 分钟的用户单次使用时长超过全网 7.9 分钟的平均水平，用户单日使用时长 35.8 分钟和用户平均总使用时长 160.6 分钟，也都高于全网其他社区交友类平台和新闻资讯类平台。用户对知乎的满意程度较高，也更加愿意向亲朋好友做出推荐。

二、知乎的运营演示

知乎的使用可在电脑网页端及移动 App 端进行。对于普通使用者来说，通过手机发布、查看问题十分快速方便，但对于知乎新媒体运营团队来说，进行企业账号申请、内容制作、社群管理，尤其是编写文章、制作插入图片、调整格式等，在网页端操作更为专业完善。因此，所有社群新媒体的运营简介，都通过网页端进行演示。

（一）知乎账号的申请与设置

1. 普通账号

第一步，通过在电脑端的网页浏览器中输入知乎官网地址或百度"知乎"关键词，即可进入知乎官网进行普通账号的注册。

第二步，在"手机号"一栏填入自己的手机号码，点击中间右侧的"获取短信验证码"，将收到的验证码填入相应位置，再点击下方的"注册"。注意短信验证码的有效时间只有 10 分钟，须在此时间内完成注册。

第三步，在新页面"设置姓名和密码"对话框中，填入自己的姓名，设置密码。其中，姓名一栏不强制填写真实姓名，针对普通账号知乎也不要求用户提供身份信息，但鼓励用户设置被人熟知的个人代号或网络账号进行注册，最后点击下方的"进入知乎"。

第四步，在新页面通过简单或有创意的介绍，说明自己的专业、职业或想了解的领域，并点击右侧的"完成"，知乎会在未来根据此简介筛选并推荐用户感兴趣的内容。

第五步，挑选自己想关注的知乎话题，通过点击，即出现该类别的细分类目，如勾选"自然科学"话题，可继续选择"物理""生物""天文"等内容。选择结束后，点击页面下方的"进入知乎"，即完成对普通账号的注册，以及基础信息的设置。

2. 知乎机构账号

知乎机构号是专属于机构用户的知乎账号，即经知乎官方认证的企业或组织账号。除了支持提问、回答、写文章、管理评论、社区互动五大基本功能之外，知乎机构号还拥有知乎专栏、知乎 Live、知乎圆桌三种升级功能，以实现机构号在社区与用户更好地互动沟通与传播。知乎机构号的注册步骤如下。

第一步，可在网页浏览器中输入知乎机构号注册网址进行机构账号的注册；

也可百度"知乎"进入官网，在注册对话框右下角点击"注册机构号"。

第二步，在机构号注册页面，填入企业邮箱，并设置不少于八位，并且包含英文与数字的密码，然后点击"注册"。知乎机构号通过电子邮箱账号进行注册并绑定激活，需要使用未与知乎个人账号和其他机构号绑定的电子邮箱账号激活邮箱后，该邮箱即成为该机构号的登录账号。

第三步，知乎向注册的企业邮箱发送一封激活邮件，登录该企业邮箱，点击邮件中的激活链接，或根据邮件提示手动激活机构号。

第四步，填写"机构全称"，上传机构的"资质证明"等。其中，资质证明包括机构的营业执照、执业许可证、组织机构代码证等。由于大多数行业企业都已"三证合一"，因此，普遍使用营业执照作为注册知乎机构号的资质证明。具体操作是，在公司内部发起"申请使用营业执照"的需求，按规定走完相关流程，拍摄营业执照，以不超过 5120 kB 大小的图片形式在该页面上传，格式为 jpg 或 png。需要注意的是，"机构全称"务必和营业执照上登记注册的公司名称保持一致。

第五步，填写机构号的基本信息。首先填写账号名称（头像），然后，根据机构的主营业务选择其"行业类别"，特殊行业须提交相关行业许可证等证明。

第六步，须填写机构号运营负责人的基本信息，然后点击"确定"。目前知乎机构号的申请与运营不需要缴费，因此，等待知乎官方将公司提交的相关材料进行验证并通过后，即可开始免费使用机构号。

（二）知乎功能操作与使用说明

第一，基本界面及操作。知乎网页端的基本界面，主要有八大板块的内容和操作：首页标签区、搜索区、消息提醒区、问答基本操作区、话题区、互动接待区、跳转功能区、其他功能区。

第二，发布问题。在知乎主界面左上方点击"提问"，即可发起一个问题。在弹出的新页面中，填写问题的标题，为该问题设置话题，类似标签（tag）。在"问题描述"部分，可使用文字、图片、视频等形式，对问题进行详细的阐述，以便其他用户深入理解该问题并依此作答。最后点击页面下方的"提交问题"。

第三，回答问题。与"发布问题"类似，在主界面左上方点击"回答"，即可进入回答问题的页面。首先，用户须根据自身情况填入擅长回答的话题领域，如"新媒体"等；其次，系统将自动推荐相关问题，留待用户选择、回答；最后，点击进入某个问题的详细页面，即可通过"写回答"按钮直接对该问题进行回答。

（三）知乎专栏的申请与运营

1. 知乎专栏的申请步骤

第一，在知乎账号已登录的情况下，在网页中输入知乎专栏网址进行申请，或百度"知乎专栏"后进入官方网页，点击"申请开通专栏"。

第二，输入"专栏名称"，设置"专栏话题"，输入用户自身的专业背景，随后点击右下角的"申请"，完成知乎专栏的申请流程。一般三个工作日之后，知乎官方会反馈审核结果。

2. 撰写知乎专栏文章

撰写专栏文章与知乎主界面的"写文章"的操作与功能是完全一样的，只是专栏文章默认放置在用户自己的专栏当中，而普通文章则会存放到用户主页"我的文章"当中。普通文章不仅可以投稿至自己的专栏，也可投递到其他用户的专栏，但需要经过其专栏主编的审核，且每篇文章最多只能投稿至两个专栏。撰写文章的具体步骤如下：

第一，在知乎首页点击"写文章"，或通过首页右侧进入专栏页面，再点击右上角的"写文章"。

第二，在文章编辑页面，可以上传文章的题图，其类似于微信公众号文章的封面图。可输入文章标题，标题最多 50 个字符，包含汉字和标点，2 个英文字母算一个字符。知乎文章编辑器的工具栏可进行文字加粗、斜体及插入链接、图片、视频等功能。正文的输入框，点击即可进行文章的撰写、编辑。

第三，当文章草稿撰写完毕后，可点击"邀请预览"，邀请该专栏的编辑或知乎好友来预览这篇草稿，他们可通过草稿评论给出意见。

第四，点击"发布"按钮，先通过弹出页面的"搜索"功能，绑定与此篇文章相关的话题，点击"下一步"，再设置文章的评论功能，点击"确定"，就能完成一篇文章的发布。值得注意的是，已发布的文章，可以通过点击标题进入文章页面，再通过页面右下角的"编辑"功能，对其重新进行修改或删除。

（四）知乎"ISOOC"模式的运用

"ISOOC"五维社群运营的缩写。社群运营和相关营销具有传播快、生态独有、针对性强、用户黏性高、实效性长、沟通顺畅、精准度高、品牌效应强、口碑可信度高等优点，因此，借助知乎平台进行社群的搭建和运营，是新媒体团队必须掌握的能力。其中，为知乎社群建立起"ISOOC"五大构成元素可通过以下简单脉络进行。

第一，找到同好——Interest：寻找喜欢询问、回答某类问题的用户，关注并联络。

第二，建立架构——Structure：建立准入机制，提供交流平台。

第三，持续输出——Output：团体接单，通过软文写作、植入营销赚取收入。

第四，规范管理——Operation：计划、组织、引导、协作、激励、评价、反馈。

第五，复制扩张——Copy：模式复制，扩大社群数量与规模。

第三节　百度贴吧运营——"以兴趣聚合同好"

一、百度贴吧的概述

（一）百度贴吧的简介

成立于2003年底的"百度贴吧"通常被大众简称"贴吧"，是百度旗下的独立社交品牌。贴吧结合搜索引擎建立一个在线的交流平台，让那些对同一个话题感兴趣的人聚集在一起，方便展开交流和互相帮助。贴吧是一种基于关键词的主题交流社区，它与搜索紧密结合，准确把握用户需求，为兴趣而生。贴吧目录涵盖社会、地区、生活、教育、娱乐明星、游戏、体育、企业等，它为人们提供一个表达和交流思想的自由网络空间，并以此会集志同道合的网友。

（二）百度贴吧的特点分析

第一，人工信息聚合方式对搜索引擎的补充。对于那些基于信息搜索的需求而找到贴吧的人来说，获得某个主题的信息往往是他们的基本目标。但搜索引擎还难以高质量地满足这方面的需求，贴吧可以使人们从机器的搜索过渡到人工的信息整合中。拥有不同资源的人们，在这里实现信息的分享，而且信息需求与供给关系更明确，这样获得的信息针对性往往更强。

第二，共同兴趣爱好者的快捷聚集。尽管网上有难以计数的由兴趣爱好者组成的社区，但是要找到它们却不是一件容易的事。百度贴吧利用自己在搜索引擎领域的知名度与地位，为各种兴趣爱好者的聚集提供一个最便捷的方式，只要知道百度，就可以通过关键字找到同道者。

第三，封闭式交流话题带来的深度互动。与很多社区不同的是，贴吧创造的社区往往是一个话题非常封闭的社区。某一个明星、某一部影视作品甚至某一首歌曲，虽然理论上这些社区也可以有更开放的讨论主题，但是多数贴吧的成员更愿意围绕一个封闭的主题来展开交流，这就促进了互动深度的不断挖掘。

第四，文化研究的新途径。英国的研究者戴维·冈特利特在他主编的《网络研究——数字化时代媒介研究的重新定向》一书中认为，互联网提供了一种新的"摇椅"式的研究方法。贴吧也可作为相关社会、文化、娱乐领域研究的一种新途径。

（三）百度贴吧和"粉丝文化"

"粉丝文化"主要表现在以下五个方面：粉丝群体的团队精神；粉丝勇于表达并鲜明支持的率真精神；粉丝积极主动的奉献精神；粉丝与喜爱的对象患难与共的忠诚精神；粉丝面对压力和困难敢于挑战和抗争的抗争精神. 结合贴吧本身的独特存在性，使百度贴吧的粉丝群体形成了自己独特的群体规范和群体价值观，又被称为"贴吧粉丝文化"。

百度贴吧作为庞大粉丝群体的聚集地，其经济效益也日益凸显，强大的消费行动力成为粉丝经济的保证。在贴吧讨论区里，经常可见组织者发帖代购明星演唱会门票、荧光灯手牌、海报横幅等应援物，以团体名义参与活动。国外明星贴吧里此种现象更为明显，因为，明星不如国内明星常见到，知名度不够高，相关产品极少，且不易买到，这样贴吧作用更为彰显。另外，与明星相关的一切，比如，服装首饰、随身使用的物品，也可引起粉丝的竞相购买。粉丝与网络的结合使经济效益的产生更为迅速，产业链更为明晰。

在这个粉丝主导的"粉时代"，粉丝不仅仅是贡献经济效益的砝码，也能为自身带来经济效益。一部分粉丝开始把追星当成一种职业，出现了"职业粉丝"。他们受明星经纪公司雇用，使用各种手段为明星呐喊助威、制造人气，成为有偿的明星拉拉队。他们在网上发帖，就能得到一笔数额不菲的收入。这种现象在明星发展初期还没有赚足人气时多见。因为发言匿名性的特征，贴吧无疑给职业粉丝提供了发挥的舞台。

二、百度贴吧的运营介绍

（一）贴吧主要产品及功能简介

第一，贴子。"贴子"是指百度贴吧中用户发表文章或意见的信息载体和基本单元，主要由标题、正文（包括文字、图片、视频、投票等内容）及评论三部分组成。贴吧首页每一个横排单元就是一篇贴子，首页会显示正文的部分预览和评论数，可点击进入查看具体内容，然后进行留言、评论等操作。

第二，直播贴。直播贴涵盖图文直播及视频直播等，实现多个贴吧交叉实时互动。直播贴的参与者包括主持人、嘉宾、吧友，给了大家一个更自由沟通的平台，让吧友可以第一时间了解热门信息，同时还能与嘉宾（包括名人、明星、达人等）零距离地沟通。

第三，"楼中楼"。在一个主题贴子中，这个贴子被称为"楼"，发布贴子的人是"楼主"，每一个用户的留言被系统依次按"楼层"标注，楼主为"1楼"，该留言为"12楼"，即代表是该贴子第12个用户的内容，留言的用户被称为"层主"。当吧友想与某个"楼层"（回复贴）的"层主"互动的时候，所有和这个"楼层"（回复贴）相关的讨论内容都会在这个"楼层"（回复贴）里显示出来，这些讨论内容被称为"楼中楼"。

第四，个人中心。"我的贴吧"是用户在贴吧的个人中心，用户可以记录自己的心情和新鲜事，关注贴吧各路达人，获取自己的粉丝。通过与其他用户亲密互动，形成稳定的好友关系，让贴吧生活更丰富多彩。也可以根据个性化需求关注用户喜欢的贴吧，查看最新的精品贴子、图片、视频、热门转贴等内容，增强了平台的实用性和用户黏度。

（二）百度贴吧的相关操作

1. 百度贴吧的账号注册

百度贴吧的账号注册即为百度账号的注册，百度账号通用于旗下的百度贴吧、百度知道、百度文库等各项产品，步骤如下。

第一步，在浏览器地址栏输入贴吧网址，或百度"贴吧"进入主页，点击右上角"注册"。

第二步，在注册页面设置用户名，即登录账号；设置账号密码；填写手机号码，点击右下角"获取短信验证码"，将通过短信收到的验证码填入相应的位置；勾选"阅读并接受《百度用户协议》及《百度隐私保护声明》"；最后点击下方的"注册"框，完成百度贴吧账号的注册。

2. 在贴吧发布贴子

第一步，填写百度账号、密码，登录贴吧。

第二步，在贴吧主页上方的搜索框内输入自己感兴趣的话题、主题等内容，单击右侧"进入贴吧"。

第三步，在该贴吧首页，通过鼠标滑轮或拖动网页最右侧的"滑动条"，来到页面底部，即发布新贴子的编辑框，在方框中输入标题，并可通过右侧"话题"功能添加热门话题，提高贴子的点击量、互动关注度；编辑贴子正文的工具栏，可插入图片、视频、表情等；单击方框"全屏编辑"按钮后可使用整个页面进行贴子的编辑；在正文的输入框，编写完毕后单击左下角"发表"，即可在该贴吧发表一篇新贴子。需要注意的是，百度贴吧不允许用户发布任何违反法律法规，破坏社会团结稳定，淫秽色情，其他敏感不适宜，以及任何形式的非百度官方广告信息。

（三）百家号

1. 百家号的简介

百家号是百度公司为内容创作者提供的内容发布、内容变现和粉丝管理平台，于 2016 年 9 月 28 日正式对所有作者全面开放。

其主要的核心功能和服务有以下三个。

一是内容发布：百家号支持内容创造者轻松发布文章、图片、视频作品，未来还将支持 H5、VR、直播、动图等更多内容形态，内容一经提交，将通过手机百度、百度搜索、百度浏览器等多种渠道进行分发。

二是内容变现：百家号为内容创造者提供广告分成、原生广告和用户赞赏等多种变现机制。

三是粉丝管理：每一篇百家号文章，在首页左上角醒目位置都有标志，引导用户进入作者的个人主页并对作者进行关注。作者可根据百家号提供的工具分析粉丝的人群属性，并通过个人主页针对粉丝展开各种运营活动。

2. 百家号的主要功能与操作

（1）账号注册登录

百家号账号与百度账号共用，因此其注册方式不再赘述。

第一步，进入百家号官网，单击页面中间登录按钮，通过百度账号进行登录，并在新页面单击"下一步"，注册成为百家号作者。

第二步，选择百家号账号的类型，单击对应账号类型下方的"选择"进入下一步。

第三步，以"个人"类型的百家号为例，填写百家号信息，如领域、百家号名称、百家号签名档、百家号介绍、所在地，设置百家号头像等，领域须选择明确擅长的创作领域，发文和所选领域一致有助于提高作者等级；百家号名称应填写与发文领域相关的名称，能有效提高读者点击量。

第四步，填写该"个人"百家号运营者信息，如姓名（须与身份证一致）、身份证号码、邮箱地址等，然后输入相应验证字符，单击右下角"提交"按钮，等待百家号官方审核通过。

（2）百家号文章的编写、发布

百家号发布的文章是采用人机审核的，先由程序审核，审核通过后再由人工审核，步骤如下：

第一步，登录百家号，进入账号后台，单击左侧功能标签页中的"发布"，在下拉菜单中单击"发布内容"。

第二步，在右侧页面，选择"发布文章""发布图集"或"发布视频"，现以发布文章为例，单击相应位置。

第三步，在标题栏输入文章题目，在正文框中开始编辑文章，可使用上方的"工具栏"进行"重做""撤回""清除格式""段落排版""插入图片"等操作。

文章写完后，可单击左下角进行"预览"，预览无误后可在右下角选择"存为草稿"或直接"发布"。须注意，在百家号上发布图文的门槛最低，只要符合百家号平台规范即可，但严禁发布恶意营销、广告推广、色情低俗、暴力血腥、政治谣言等各类违反法律法规及相关政策规定的信息，同时，也建议不要在文章中出现站外链接、二维码图片等内容。

第四节　其他社群类新媒体的运营

一、"网上咖啡馆"：豆瓣

（一）豆瓣的简介

豆瓣网成立于 2005 年，以书籍、影音起家，提供关于图书、电影、音乐等作品的信息，无论描述还是评论都由用户提供。此外，豆瓣还提供线下同城活动、小组话题交流等多种服务功能，像是一个集品位系统（读书、电影、音乐）、表达系统（我读、我看、我听）和交流系统（同城、小组、友邻）于一体的创新"网上咖啡店"，一直致力于帮助都市人群发现生活中有用的事物。

（二）豆瓣的用户

总体来说，豆瓣的核心用户群是具有良好教育背景的都市青年，包括白领及大学生。他们热爱生活，喜欢阅读、看电影、听音乐，讨论吃、穿、住、用、行等内容。他们热衷于参与各种有趣的线上、线下活动，拥有各种创意，是互联网上流行风尚的发起者和推动者。

根据百度指数显示，豆瓣的主要用户大多分布在经济相对比较发达的东部沿海、华北地区和若干中部省份，具体来说，又以各大直辖市、省会城市分布最多。

从年龄上，20~29 岁的年轻人群是豆瓣的主要用户，而 30~39 岁的社会中坚阶层是其第二大用户群体；而在性别分布上，男性用户为豆瓣的用户主体，远远高于女性用户的占比。

（三）豆瓣的主要产品和功能

1. 豆瓣电影

豆瓣电影是中国最大与最权威的电影分享与评论社区之一，收录了百万条影片和影星的资料，有多家电影院加盟，更会聚了数千万热爱电影的人。豆瓣电影于 2012 年 5 月推出在线选座购票的功能，目前，已开通全国多家电影院的网络购票服务，更多影院还在不断加入中，极大地方便了人们的观影生活。

2. 豆瓣读书和豆瓣阅读

豆瓣读书上线于 2005 年，是国内信息最全、用户数量最大且最为活跃的读书网站之一，其专注于为用户提供全面且精细化的读书服务。目前，豆瓣读书每个月有过亿的访问次数，其中，豆瓣阅读是豆瓣读书 2012 年推出的数字阅读服务，支持 Web、iPhone、iPad、Android、Kindle 等桌面和移动设备。豆瓣阅读的内容涵盖了小说、历史、科技、艺术、设计、生活等多种门类，是集短篇作品和图书于一体的综合性平台。

3. 豆瓣音乐

豆瓣音乐是一个音乐分享、评论、音乐人推广的在线社区，拥有完整的全球音乐信息库、多样的用户音乐评论，以及具有创造力的独立音乐人资源。汇集了许多音乐条目，拥有多位独立音乐人入驻，是原创音乐诞生的重要平台，覆盖粉丝超过千万。

4. 豆瓣小组

豆瓣小组于 2005 年上线，定位于"对同一个话题感兴趣的人的聚集地"，内容包括娱乐、美容、时尚、旅行等生活的方方面面，用户在这里发布内容，同时也通过互动或浏览发现更多感兴趣的内容。

5. 豆瓣时间

豆瓣时间是豆瓣推出的内容付费产品。通过甄选用户最渴念的内容领域，邀请学术界名家、青年新秀、行业达人，推出精心制作的付费专栏。每个专栏包含数十期至上百期不等的精品内容，以音频、文字等多种形式呈现，每周定时更新。

6. 豆瓣 FM

豆瓣 FM 是豆瓣用户专属的个性化音乐收听工具，打开就能收听。豆瓣 FM 通过用户单击"红心""垃圾桶"或者通过"跳过"来收集、分析、判断用户的喜好，根据操作和反馈，从海量曲库中自动发现并播出符合用户音乐口味的歌曲。

7. 豆瓣同城

豆瓣同城是一个线下活动信息的发布平台，包括音乐、演出、展览、电影、讲座、沙龙、戏剧、曲艺、聚会、体育、旅行、公益等，专注于城市业余生活方式的打造与分享。

8. 豆瓣市集

豆瓣市集是豆瓣旗下的电子商务平台。

二、"科技有意思"：果壳网

（一）果壳网的简介

成立于 2010 年底的果壳网是一个开放、多元的泛科技类兴趣社区，主要提供负责任、有智趣的科技主题内容，致力于用有趣、多元的手段从科普到泛知识领域的传播。如今，果壳网的功能已经从单一的科普延伸到倡导科学、理性的生活方式，在生活各方面解决人们的实际需求，被称为日常生活中的科学指南。

（二）果壳网的主要产品及功能

果壳网现有三大板块：科学人、小组和问答，由专业科技团队负责编辑，另有 MOOC 学院等核心产品。

1. 科学人

"科学人"是果壳网旗下的原创内容团队，拥有网站和公众号两个形态，致力于促进公众与科学之间的相互了解，帮助科学在社会议题中担当起应有的角色。

"科学人"履践"一切新闻都是科技新闻"的理念，塑造了鲜明的媒体形象；通过采访研究者本人来开展科研报道，向全球科研工作者发出约稿信，构筑"自己研究自己写"的科学传播模式；针对公众关心的科学热点，推出了许多具有社会影响力的内容专题；一手打造了诺贝尔奖、搞笑诺贝尔奖的网络直播和解读活动；与《自然》（Nature）、《科学》（Science）、《中国科学》等级别的国际期刊，与中国科学院、中国科协及国内众多高校展开了深入的合作；采访了一系列国际顶尖的科学家、科学传播明星和学术期刊主编，不断创造和树立行业标杆。

2. 小组板块

果壳网的小组板块类似于百度贴吧，是一个根据主题进行分类的社群内容分享平台。在"果壳小组"中，用户可根据个人兴趣关注不同小组，精准阅读喜欢的内容，并与网友交流有意思的科技话题；还可以关注感兴趣的人，阅读他们的推荐，也可以将有意思的内容分享给关注的人。小组热贴会推荐若干泛科学且有"智趣"的文章，如图中的"法医""自然科学"等。

3. 问答

果壳网"问答"类似于"百度知道"以及"知乎"等问答社区平台，百万名有意思、爱知识、乐于分享的年轻人聚集在这里，或提出困惑自己的科技问题，或提供靠谱的答案。

4. MOOC 学院

MOOC 的全称是大规模开放式在线课程（Massive Open Online Course），是当

前较新、较流行的在线学习形式，让用户足不出户就能听遍名校人气课程，学习专业知识，提高职业技能。MOOC 学院是果壳网旗下的一个讨论 MOOC 课程的学习社区，收录了主流的三大课程提供商 Coursera、Udacity、edX 的所有课程，并将大部分课程的课程简介翻译成中文。用户可以在 MOOC 学院给上过的 MOOC 课程点评打分，在学习过程中和同学讨论课程问题，记录自己的上课笔记。在这里，使用者可以通过大家的评分和笔记来筛选自己最需要的优质课程，还可以加入围绕课程设立的学习小组，用中文讨论学习问题。

第七章

新媒体运营平台的新力量探索

在新媒体蓬勃发展的背景下，抖音、小红书和头条号等新媒体运营平台崭露头角，成为新媒体领域的新力量。本章将重点关注这些平台的运营模式和发展趋势，分析它们的产业模式和运营策略，揭示它们在新媒体领域的创新实践和成功经验，为新媒体从业者提供新的思考角度和发展方向。

第一节　抖音运营模式及发展探究

一、抖音的运营策略

（一）冷启动的运营策略

抖音上线以后并没有急于做市场推广，而是重点打造产品和积累用户口碑，在这个阶段培养抖音的忠实用户，让这些用户去传播产品。抖音通过了解用户最真实的需求，根据用户使用后所反馈出来的各种信息去不断地更新和优化产品，并且每一次的更新完善之后都会对那些提出改进意见的用户表示感谢，从而让用户有参与感，有主人翁的意识。

（二）明星的引流策略

任何一款新的产品，想要迅速地得到广大用户的熟知和认可，都离不开大量的宣传推广，而最快引领潮流的方法就是明星效应。抖音本身就是一款充满娱乐性和趣味性的短视频 App，并且很符合当代年轻人所喜欢的文化潮流，在抖音短视频开始崛起之后，便有很多明星开始加入体验这款产品。抖音基于粉丝经济和注意力经济的理论，与明星合作，依靠明星强大的影响力来吸引粉丝加入抖音，抓住粉丝的注意力，提高这些粉丝对抖音的黏度，黏度越高对抖音的品牌价值就越大，这种利用粉丝经济对平台进行推广的方式在产品早期是一种十分有效的推广手段。

（三）内容的运营策略

抖音 App 在平台的内容运营方面结合了今日头条的算法推荐机制，让没有任何粉丝基础的新用户也可以获得推荐资格，抖音 App 也因此成为增粉最快的短视频网站，甚至可以让一个素人一夜之间成为抖音红人。抖音利用这一优势，成功地吸引了很多诸如快手和秒拍这样的其他平台上的网红资源，给抖音带来大量优质用户。除此之外，在内容运营上，抖音短视频 App 的运营团队还利用了当下火热的电视和综艺节目等做内容运营。由于任何一款产品在推广的早期阶段，大多数的用户都不了解该产品，因此，有必要不断地在目标用户前刷存在感以宣传他们的产品。

（四）线上线下同时推广

抖音不仅仅通过和其他平台合作来进行线上推广，而且还会不定期地举行一些线上活动和话题讨论。抖音官方设置了许多新鲜有趣、符合年轻人心理及社会潮流的具有创意性的话题，如"Lisa 舞""小辫儿哥哥"等，通过这些话题来吸引用户关注，并以挑战的方式激励用户积极参与。抖音也会通过举办线下活动的方式来进行推广，如在成都举办"抖在成都"活动；在北京举办"抖音之夜"等活动①。抖音通过线下活动拉近了粉丝和抖音达人的距离，一方面，满足了粉丝"追星"的愿望，从而可以留住这些抖音用户；另一方面，通过这些粉丝来宣传扩大抖音的影响，从而吸引更多用户参与到抖音的使用中去，线上活动参与的用户就会更多。

二、抖音的盈利模式

（一）广告营销模式

第一，开屏广告。抖音短视频的开屏广告作为开启该软件的第一个通道口，

---

① 郭涵.抖音 App 发展现状研究［J］.现代商贸工业,2018,39(34):49-50.

其优势是曝光效果好，与此同时，无论是动态广告还是静态广告，都是以全竖屏的方式进行展示的，这样会带来强烈的视觉冲击，所以开屏广告的广告效果是可想而知的。

第二，信息流广告。以短视频为载体的内容营销，正逐渐成为广告的新形式，抖音正是基于这一点采用信息流广告，将广告产品的各种性能特点与短视频轻松娱乐的内容结合起来，将短视频的内容等同于广告，即广告本身就是一个15秒的优质视频内容，通过软性广告的方式向受众传递广告信息。

第三，植入广告。抖音短视频通过与抖音达人合作进行广告植入。抖音拥有一些自生网红，即抖音达人，也有一些明星或其他平台的红人。自生网红因为抖音而获得高人气，粉丝也都主要存在于抖音，所以他们创作出来的作品与抖音的关联性强、融合度高，不容易流失。

为了吸引更多的流量，抖音还邀请明星和其他平台的红人入驻抖音，拍摄发布短视频内容。这些明星红人自带流量，给抖音平台的宣传起到了很大的作用，但是由于不同的平台有不同的媒介形式，所以创作出来的内容与抖音平台的关联性和融合度都不高，并且流动性强，不宜长期合作。

（二）内容电商模式

2018年3月26日，抖音上开始出现一些卖东西的链接，这些链接关联到淘宝，很多拥有百万粉丝量的抖音红人的抖音页面出现了购物车按钮，点击购物车按钮后便会出现商品推荐信息，再点击这些信息便可以直接转到第三方电商平台。此外，抖音还对部分抖音达人开通了直达淘宝功能，用户在观看自己喜欢的达人直播时，可以将达人所推荐的商品直接加入购物车，以便实现深层次的电商导流。

（三）达人直播模式

抖音达人直播，除了在用户量和网红资源上具有先天优势之外，最主要的是直播可以让主播直接实现有效变现，并且相对于短视频，直播能够实现用户与达人的实时互动，即时性更强，增进用户对主播的进一步了解，增强用户和达人的黏性。用户可以通过直播平台直接与达人进行交流，达人也可以根据粉丝提出的意见和要求来调整短视频的创作内容。用户也可以为自己喜欢的达人进行直播打赏，抖音平台则会从抖音达人每次直播所获得的礼物中抽成，用户可以送出价格不等的礼物来鼓励他们创作出更多优质的视频内容，以实现抖音短视频内容的不断优化。

（四）自制产品模式

抖音在自制产品上也有很大的市场，最具代表的就是用户可以订制抖音创意贴纸。创意贴纸的用户接受程度高，互动时间长，使用场景原生，前景和背景贴纸能够丰富互动体验，另外，带有创意贴纸的原生视频可以引发用户的自主传播，触发二次使用。抖音通过对用户心理的了解和把握，制造出一些有话题性的挑战和互动贴纸，尔后将这些贴纸转售给其他平台或商家获得盈利。抖音的互动贴纸具有动态人脸识别功能和图像分割技术，可以更加生动形象地帮助广告商展现广告理念和产品特点，从而实现抖音平台和广告商的双赢。

三、抖音的发展趋势分析

（一）优化算法推荐机制

在算法推荐系统中，对用户的基本信息进行协同过滤是最基础和最常用的推荐方法，这种方法主要是考虑用户之间的相似程度，只要找出那些相似用户喜欢的视频内容，就可以将这一类内容推荐给其他的相似用户。抖音的算法推荐机制还存在诸多问题需要不断地改进，可以在现有算法基础上增加例如内容满意度、时效性、内容有用性等的衡量指标来推送内容，增加考量视频内容质量的维度。抖音还可采取算法加人工的推荐机制，对于大量普通用户所创作出来的内容，平台可以采取算法逻辑进行推送，这样可以保证每个用户的内容公平地被推荐，还可以给平台提供大量的视频资源，保证视频的数量。

（二）加强视频审核力度

针对抖音短视频里面的不良内容，一方面，平台应该加强视频内容审核和质量监管，对于一些漏网之鱼及时进行清理，屏蔽不良内容，使其无法进入用户视线；另一方面，可借助用户的力量进行监管，在页面直接设置"举报"栏，引导用户在观看到不良视频内容时可以第一时间举报，发挥大众的监督作用。对于一些抄袭、盗窃、侵犯原创内容的用户，平台应该及时制止警告，并且加强版权制度建设，提高原创用户的版权保护意识；对于一些传播低俗趣味、恶俗观念、网络谣言的用户，平台应加大打击力度；对于一些违法背德行为的抖音视频内容，平台必须遏制清理，并给予一定的惩戒。

（三）完善防沉迷系统

抖音于 2018 年 4 月初推出了包括时间提示和时间锁功能的防沉迷系统，这是国内首个将防沉迷系统运用于短视频的平台。其中，时间锁功能是指一天之内累计观看时长达到一定的限度，系统便会自动锁定，青少年需要输入密码才能够继续操作。2018 年 7 月，抖音为了保护未成年人的权益和身心健康，又推出了"向日葵计划"，主要是优化了观看限制的功能，组建了专门针对未成年人的审核团队，加大了对侵害未成年人权益行为的惩罚力度。

（四）完善产品细节

抖音仍需要对产品细节进行优化完善。第一，视频页面功能优化，可以在 15 秒的视频中增加进度条，省得用户浪费时间看重复的部分。第二，开发更多的滤镜和表情，由于抖音的用户中女性占大多数，所以应该开发更多的好看的滤镜，优化美颜功能来吸引用户拍摄视频上传。第三，增加视频筛选，抖音可以增加多种风格、主题、音乐的视频，用户可根据自己的喜好选择是否接受此类视频推送，避免审美疲劳。第四，增加热门内容的沉淀数量，对于那些产出低的用户，可以通过推荐页流量的倾斜进行鼓励，以此激励他们产出更多的更优质的产品。

在互联网飞速发展的今天，短视频逐渐成为人们生活中的重要娱乐方式，抖音短视频凭借其精准的定位、细分的传播内容、有趣的玩法，吸引了众多的年轻受众的参与，为用户在碎片化的时间里提供了娱乐方式。首先，抖音当下的运营模式，如冷启动运营、明星引流、内容运营和线上线下推广等，为其创造了特有的盈利方式——广告营销、内容电商、达人直播和自制产品。其次，抖音发展存在内容同质化、审核机制不健全等问题，可通过优化推荐机制、加强审核力度、完善防沉迷机制、迭代产品细节等解决措施，有利于企业长期可持续发展。

第二节　小红书商业模式与运营思考

在"社交+"的背景下，电子商务也开启了融合化的趋势，小红书以其独特的"高互动高真实性"的优势开创了跨境电商的新模式，形成了独特的新型互联网互动社区购物平台。本书主要从社交类平台的发展、小红书的现状、营销模式、未来发展等方面进行分析，总结其特点和成功经验，分析小红书的运营模式给新媒体时代下的年轻群体用户所带来的关于消费习惯的变化，值得大众关注。

一、小红书的 App 现状

（一）小红书简介

小红书成立于 2013 年，最初软件是做社区内容分享，许多用户在软件上发布自己的"种草"购物类笔记以及生活分享、旅游攻略等。紧接着，小红书推出了福利社功能，向电商购物平台转型，也开创了社区电商的新模式。短短几年，小红书的粉丝量和受欢迎程度大幅提升，如今已成功成为新兴的网络社区，再加上跨境电商的新型模式融合，软件也不断地进行改造升级，从"关注、发现、同城"三个基本模块逐渐增加了"视频、直播"，根据内容也进行更多的分类。

（二）小红书形式定位

根据我们生活水平的提高和购物方式的多样化，越来越多的人开始选择使用各种购物软件，小红书利用自己独特的"购物心得分享社区"的优势，采用了UGC 模式——用户创造内容与小红书福利社相结合。在小红书软件上，大家更多的都是以"姐妹、朋友"的身份来互相讨论研究，大家搜索相同的内容，看到相类似的笔记会产生更多的共鸣。此外，相配套上线的福利社功能就顺理成章地让用户可能会随手下单，小红书的这种 UGC 模式也增加了用户的真实感受和信任程度，与此同时，还提高了购物体验，更加完善地了解了产品，也反映了小红书的宣传标语"标记我的生活"。

（三）小红书内容定位

在小红书中，我们最常见的讨论话题都是与女性相关，例如，最早的护肤、养生、时尚等，随着软件的更新升级，也逐渐增加了视频、直播、学习、美食、萌宠、旅行等更多的栏目分类，软件也根据大数据、用户的搜索习惯会为受众提供相关的攻略笔记等。小红书利用这种兴趣推荐、大数据的分析模式吸引受众使其获得良好的使用体验。

二、小红书的营销运营

（一）从受众角度分析

第一，在小红书 App 的宣传方式中，最常见的就是"去商家化"，依托于各大博主的真实笔记分享，再利用口碑传播的方式，不仅使产品更加真实可信，并且获取到的信任度极高。例如，笔者第一次知道这个软件，也是听身边朋友介绍得知的，小红书也是很好地把握住这一点，对于产品的宣传、细节、使用感受、评价等真实程度，都是其他电商平台如淘宝京东等所无法超越的。

第二，小红书成立自己的福利社平台也就是购物平台，福利社的成立给广大受众带来了强烈的信任感，以及增加了对于平台的依赖性，通常在笔记中浏览到自己满意的物品后，也就是帮助用户们在浏览完"种草"笔记后，可以直接信赖，放心下单购买，而购买之后的用户可能会在使用之后通过此平台再次分享自己的感受，生成极具真实性的评价，如此便形成循环，成功把用户的消费欲望直接转变成为消费行为，免去了再去寻找别的购买渠道的不便。

第三，小红书采用 UGC 方式，让用户之间分享使用感，通过笔记的形式推荐种草给别人，减少了日常生活中常见的推荐产品的广告形式，更多地去贴切用户的感受，从用户角度出发。例如，我们日常想购买一支口红，不清楚色号等，小红书通过关键字搜索即可看到相关的图文笔记介绍，帮助大家挑选更多合适的产品，更附着了用户的个人感受、使用感。像日常我们使用到的淘宝、京东等传统电商购物软件都可能存在虚假评论，或缺少实物图的情况。或者是考拉、别样等海外购物软件，交易量少的同时，也缺少真实的使用评价，都有可能让大家不会选择购买。

（二）从博主角度分析

1. 小红书的运营机制

小红书的创作者通常简称"博主"，目前一段时间，软件开设了专业号中心，帮助大家定位自己，并贴上标签给不同博主进行了分类。一个优质账号或者前期发展账号必然要做到以下几点：首先，要保持稳定的更新频率；其次，是更新相同的创作方向的内容；最后，要保持整体账号的风格稳定。说起来好像非常容易，但要做到还是挺难的。所以创作也要更多地去考虑大家可能会想看什么，什么会吸引大家的共鸣等，所以把握好受众心理也是创作者要具备的一个非常重要的因素，也是账号未来成功的重要原因。

2. 小红书的变现模式

通常新媒体的大部分变现都来自商家投放的广告，大部分起步粉丝在几千的账号，收到的都是一些置换类的合作，一般都是以"软广"的方式出现，配上真实的使用效果，这样模式也会收获用户的信任，同时，商家的广告效果也顺其自然地实现了。目前，小红书正面临着严重的用户"信任度"危机，针对平台越来越多的"软广"，小红书也启动过专项治理，只是希望博主和平台的盈利之路在越走越宽的同时，不要把未来发展之路越走越窄。

三、小红书的不足及未来的发展

（一）小红书的不足

第一，目前小红书相对于淘宝、天猫、京东等一些电商平台受众面还是较窄，许多用户更愿意去相信知名度高的购物平台。此外，小红书的水军以及商家过多，许多商家会和博主进行合作，以"软广、硬广"的方式去推广自己的产品，越来越多的广告就会影响平台的形象，影响其受信任程度。

第二，小红书的受众更多是女性，受众年龄段也比较单一，所以福利社的上线产品种类也受到限制，更多的都是针对女性的产品、女性感兴趣的话题，更多地"屏蔽"掉了对这个软件感兴趣想进行搜索和研究的男性用户，后期也应该多开设不同的栏目分类，针对男性开设健身、游戏、运动等来拓展用户群体。

第三，监管力度不足。由于用户的增长以及消费需求的增加，有些品牌方开始出现售假卖假的现象，以及物流的不完善都会影响用户的使用体验。因此，对于广大用户在平台上所发布的内容，更应该进行严格审核，对于虚假广告和不适当的内容及时筛查，加强产品质量，加强福利社的服务以及售后等，良好的服务可以给用户带来更心仪的购物体验。

（二）小红书未来的发展

第一，应该加强平台笔记的传播引导程度，建立起合理的规章制度，去监管和把控用户在平台上发表的内容，保证用户的使用感和真实信任程度。

第二，完善服务，关注消费者的需求，加强宣传，吸引更多的用户，增加自身的商业价值。例如，引进明星代言，开设线下零售店等可以进行进一步的推广实施，来更好地提高用户的黏性，从而也可以更好地拓展更多业务范围。

第三，建立专业筛选团队，加强对于福利社产品的更新和分类，把握产品的来源，确保产品质量，规范购物流程，完善售后服务。消费者最担心的也是产品的质量问题，小红书引进了各大品牌方入驻平台，加强对于平台的严格管理，把控笔记内容和产品质量等，对于售假加大惩罚，提高用户的满意程度。

第三节　头条号的产业模式与运营思考

中国互联网高速发展，社交、娱乐、动漫、游戏、购物、人工智能及区块链等多个前沿领域，都搭上了互联网发展的快车。各式各样的互联网产品及工具改变了用户的办公、娱乐和社交方式，自媒体的井喷式发展也由此拉开序幕。"头条号"是今日头条旗下的媒体平台，自开放以来，致力于实现品牌传播和内容变现，帮助企业、机构、媒体和自媒体在移动端获得更多曝光和关注，并在移动互联网时代持续扩大影响力。"头条号"提倡并支持作者原创，优质的文章在平台上可以获得充足的曝光量和阅读量，还可以将微信公众号、抖音、西瓜视频、火山个人主页等设置为流量引流端口，借助头条广告和自营广告，让入驻媒体及自媒体的价值变现有更多可能。

一、"头条号"的产业模式介绍

（一）大数据分析模式

头条号上任何一个自媒体的成功，都离不开精准的大数据分析。头条号的数据分析能够更有效地描绘出用户画像，将精密数据分析和人性化服务完美融合。然后根据分析结果，为用户量身打造相关的产品和内容，让头条号运营与推广更有效、更便捷。单个自媒体的广告收益也跟大数据息息相关，它改变了传统的媒体广告模式，是由大数据程序化地进行最佳匹配，由此提高广告的转化率，增强广告推送的效果。

（二）软文吸粉模式

通过对庞大的目标用户进行分析和数据解读，用户群喜欢什么，以及关注的内容是什么，便一目了然。对用户感兴趣的热点和自身的服务进行比对，深度研判用户需求是否与自己的产品或服务对等，从而为目标用户量身打造的内容，几十万的阅读量是可以轻松取得的。当推送出去的文章内容阅读量持续上升时，就会出现关注账号并转化为粉丝的用户。

（三）打造爆文模式

通过深度挖掘网络热词、热点，在标题和内容中嵌入诸如明星、职业、事件等网络识别性较强的关键词，得到平台推荐的概率会更大。内容要图文并茂，而且要多图少字，文字则要新奇新颖，博人眼球，这样的文章更容易得到用户的认可。在爆文中植入产品，效果也比一般内容要好，更容易得到用户的关注和阅读。

（四）粉丝维系模式

保有相当数量的粉丝是头条号自媒体的万物之源，没有了粉丝的关注，也就没有了存在的意义，而粉丝量的多寡，也在一定程度上决定了头条号自媒体的价值，所有粉丝的维系也是运营中的重要一环。这也是头条号自媒体服务中的一项重要内容。

二、"头条号"的盈利模式

第一，头条广告。头条号自媒体最基本的收益就是头条广告。一般账号在新手期结束后就会收到平台关于开通头条广告的邀请，主要针对文章和视频补贴收入，其中，短视频的收益更高。做得好的搬运视频号有可能月度盈利过万元，优质的原创视频号一天也有千元以上的广告盈利。广告获取收益是建立在粉丝基础上的，首先账号下粉丝数必须是一个数量级的，这样就自然会有商家找上门，进行广告投放，在自己运营的基础上就可以获取更多收益。

第二，流量分发。今日头条的超高流量决定了它在自媒体行业中不可撼动的地位，同时，也为源源不断地产出爆文提供了基础。其核心产品是由 AI 算法技术驱动的内容和流量分发平台，即根据海量用户行为喜好，分发个性化订制内容。以信息流广告为主的头条号引流模式，主要有单次点击费用、千人展示费用、用户产生实际转化费用三大类。在实际操作中，广告商必须在今日头条开户，并确保账户中至少有 5000 元的预存款，然后在平台寻求广告投放时，再来选择具体的收费方式和投放方式。在广告投放结束后，5000 元的预存款将会被平台官方划走。随着流量越来越值钱，平台的综合成本越来越高，所以"流量矩阵"应运而生，它被引流到公众号实现更多的变现方式，还可以在平台上分润收入，如卖产品、做广告、卖流量、提供付费服务、社群付费等。

第三，自媒体淘客。自媒体淘客就是淘宝客和自媒体平台的有机结合，淘宝客利用自媒体平台的分发机制，把电商平台的某些商品链接插入文章或图集中发布，用软文激发用户的购买欲，从中赚取佣金。头条号开通头条商品功能之后，由于商家充分让利淘宝客，被挑选商品的佣金可达 60% 以上，其利润比头条广告收入还要高。

第四，自营广告。所谓自营广告就是开通头条广告后，发布文章时可以选择广告形式。其实，自营广告的推广是一门技术活，当某个账号的权重值高了，阅读量也增多了以后，就会有企业、商家主动联系其打广告。自营广告多是按照阅读量收费，具体费用与商家协商而定。开通自营广告后，还可以在自己账号上推广自己的广告，如淘宝店铺、微店等。尤其是需要提高产品的影响力，扩大品牌知名度的企业，自营广告尤为适合。

第四，头条扶持计划。头条推出的千人万元、金秒奖和礼遇计划，会让粉丝得到越来越多的红利，而头条号也将发生质的改变，智能推荐将逐渐过渡为智能社交，用户体验会进一步得到提升。

第五，出售头条号。头条号的运营和培养需要投入相当多的时间和精力，在火爆的行情催生下，产生了直接购买成熟头条号的市场需求。这种方法可以说是收益最快的，有相当一部分用户在以此盈利。在市场上，一个新手号价值可能在三四十元，而一旦度过了新手期，它的价值就能上涨到三四百元。

三、头条号自媒体的运营方式

（一）明确市场需求，分析平台数据

要了解自媒体盈利的方向和思路，就要明确市场主体的需求。首先，要做足功课，先了解平台的运营规则，如推荐机制是怎样的，哪些选题是比较受平台欢迎的，哪些选题是不受用户欢迎的，什么样的标题点击量比较高，哪些词是不能在文章中出现的，这些都要了解清楚，只有这样，在运营的时候才能做到心中有数，也可以有效规避风险。其次，就是用自己的产品和内容来满足平台的需求，尽可能地获取平台推荐。从本质上来说，今日头条的数据推荐算法就是一个个内容各异的标签组，平台在给内容贴标签，也会给用户贴标签，之后通过智能算法，将内容和用户进行精确匹配，最后将合适的内容推送给用户。所以，最终能获得多大流量完全取决于内容的受欢迎程度，其中包括点击率、读完率、收藏、点赞、打赏、评论、转化、订阅等行为。

（二）注重产品营销，调动用户兴趣

一篇火爆的内容，如同电影中的经典片段，能让用户产生共鸣，戳中用户心中的某个点。每个账号之所以争相推出爆文，无非就是要通过流量获取收益，流量关乎阅读量以及读完率。想要打造爆文，标题、封图、内容三部分都要悉心编排。首先，标题要有吸引力，给用户以悬念和新奇感，这样才能吸引用户点击阅读。其次，一幅有视觉冲击力的封图更能博得用户的眼球和青睐，选取精致且能表达内容本意的图片，用户的点击率和读完率会更大。最后，内容可以分成文章和视频两部分。文章要能调动用户的情绪和兴趣，继而引发评论。视频可以参考头条官方给出的四条标准：一是原创；二是定位明确，有利于精准匹配和推荐；三是是否足够吸引用户；四是容易引起互动，如分享、评论等。

（三）做出特色与风格，深耕擅长的领域

要专注并深耕账号所擅长的领域，做出自己的特色与风格。账号属性越明确，平台推荐率就会越高。简言之，就是确定好账号的运营方向，然后根据运营方向确定好目标用户群体，再根据用户群体去做市场定位，进而深耕市场。在做定位的时候也要确定好内容的创作风格、内容形式，给自己的内容定一个结构性的框架，在进行选题策划的时候也比较清晰。在推送产品的时候，也要注重标题和内容一致性。标题和内容要有联系性，标题党久而久之就会遭到用户的厌弃。用好的内容吸引用户点赞、转发、收藏才是王道。高质量的产品内容容易获得推荐，推荐量越大，阅读量就会越多，收益越大。

头条号商业化产品的本质，其实就是对流量的售卖和转化，以达到营销推广的目的。而作者群体也是把目光瞄准了这一巨大流量的变现能力，它依托广阔的平台优势，为作者提供了展示自我、营销自我的机遇。对作者来说，要考虑如何创作内容，成为平台中的佼佼者。而头条号也在创意领域不断推陈出新，通过分润广告费为账户盈利，或进行淘宝客导流等，都表现出了卓有远见的互联网思维，拓展了互联网企业开放的视界。

第八章
新媒体传播与运营课程的教学改革探索

随着新媒体技术的不断发展和应用，新媒体传播与运营课程的教学改革也势在必行。本章将结合互联网思维和大数据等先进技术，深入探讨新媒体传播与运营课程的教学改革规律和方法，提出项目化教学和智慧化课堂等创新教学模式，同时关注课程思政融入新媒体运营课程教学的实践探索，为新媒体教育的发展提供有益的思路和方案。

第一节　互联网思维下的新媒体传播教学规律分析

当今时代，互联网已经无孔不入地渗透进我们的生活，公交车上都可以用支付宝扫码付款，省去了寻找零钱的麻烦。互联网的强大功能使我们的生活变得越来越便捷。可我们却很少有人知道"互联网思维"是什么，是一个怎样的思维所创造出来的产品有着如此广泛的应用。而现在正处于转型之中的新媒体，当务之急就是将自己的传统理念与互联网思维完美地贴合。而加强对互联网以及互联网思维的研究，才能使得两者有机会融合和发展，让新媒体能够在以后的信息浪潮中生存和发展下去。

一、新媒体需要的互联网思维

对于媒体在互联网中的应用，我们最直观的感受就是人们能够通过智能手机无差别地获取信息，通过网络中的各大平台可以比报纸、电视更加迅速地了解到世界各处的实时资讯。从表面上来看，是技术革新带动了整个传媒行业的变革，但究其根本是传播方式和传播规律的变革。这就足以证明，理解互联网思维对于整个媒体行业未来的传播和发展有着至关重要的作用。

首先，在网络世界里，人人平等是一件很容易实现的事情，我们每一个人都能够无差别地面对屏幕，接受一样的信息。其次，所有的使用者都不仅是一个接受者，他们也是信息的传播者和发出者，更高的参与度也使得互联网所构造的世界更有吸引力。而技术的支持也使得改善用户体验成为可能。现在的各种网页、App都致力于提供更简洁的界面、更方便的操作。生动的图画、视频和音频也能成为吸引用户的表现手段。最后，互联网足够尊重每一个个体，让每个人都能从千千万万的信息中寻找到自己需要的、感兴趣的。许多网络文学、微博和评论等，都体现了极强的个人意志。

为了与互联网相适应，新媒体也要做出相应的改变。这种改变主要体现在：传播媒介的变化。从前的传统媒体行业，新闻咨询的发布主要通过电视、报纸和广播等固定的形式结构。而在新媒体时代，资讯的传播不再仅仅依靠这几样固定的形式。每个人都有可能成为资讯的中心，这是一个"人人都是通讯社"的新时代。还有一点是传播途径的改变，从之前的单向的、单一的，变成了新媒体时代里多元化的、多方面的。人们不是只能通过固定的时间、固定的频道去了解资讯，现在的用户拥有了更多的选择，了解自己感兴趣的信息。

二、互联网思维下的新媒体传播方向

众所周知，新媒体的运营基础是互联网，所以新媒体所做出的一切改变都要围绕互联网思维。而我们知道的是：用户决定互联网的导向，互联网技术为新媒体的发展提供保障，新媒体的发展依靠各大平台来实现。

（一）用户决定互联网的导向

互联网思维的核心是用户至上，用户的需求决定了互联网的发展方向。所以媒体行业应该明白自己的服务对象是谁，用户的真正需求是什么，怎样才能给用户带来更好的体验。在传统纸媒转型的关键时刻，必须强化"用户思维"。

树立用户思维，根本上是要放弃以自我为中心的想法，从"我"应该怎么样做新闻，到去了解群众喜欢什么，去研究用户的喜好和阅读习惯，真正做到为用户服务，让用户感觉到自己被平等地对待，而不是被强行灌输。

（二）平台媒介的重要性

新旧媒体间的一大不同就是媒介具有多样性。随着信息量爆炸，平台数量激增，这些良莠不齐的平台可能会给用户的选择带来很大困惑。为了保证用户体验，各个平台的合并和甄选是必不可少的。

传统媒体通过资源的封闭性和固定的盈利模式，早已不能适应现在的社会潮流。在互联网支持下的新媒体，依靠的是咨询的共享，互利共赢才是长久之计。传媒行业应该努力建设一个能够吸引多方面资源共享、动态的开放平台。

三、新媒体传播教学规律的变化

一是教学内容的变化。在互联网思维的影响下，新媒体传播的教学内容发生了深刻的变化。传统的教学内容注重理论知识的传授，而现在的教学内容更加注重实践应用和创新能力的培养。教学内容不仅包括基本的理论知识，还包括新媒体运营、数据分析、用户画像等多个方面。

二是教学方法的变化。随着新媒体传播的不断发展，教学方法也发生了变化。传统的教学方法以教师讲授为主，而现在的教学方法更加注重学生的主体地位。通过项目式学习、案例分析、角色扮演等多种教学方法，激发学生的学习兴趣和主动性，培养学生的实践能力和创新思维。

三是教学评价的变化。在互联网思维的影响下，教学评价也发生了变化。传统的教学评价以考试成绩为主要依据，而现在的教学评价更加注重学生的实际应用能力和综合素质。通过多元化的评价方式，如作品展示、口头报告、团队合作等，全面评价学生的学习成果和综合能力。

四、新媒体传播教学规律变化的应对

第一，加强实践教学。为了应对新媒体传播教学规律的变化，我们需要加强实践教学。通过模拟项目、实习实训等方式，让学生在实际操作中掌握新媒体传播的技能和方法，提高其实践能力和创新思维。

第二，更新教学内容和教材。随着新媒体技术的不断发展，教学内容和教材也需要不断更新。我们需要密切关注新媒体领域的最新动态和发展趋势，及时调整和更新教学内容和教材，以保持教学的时效性和前瞻性。

第三，提高教师素质。教师素质是影响教学质量的重要因素。为了应对新媒体传播教学规律的变化，我们需要提高教师的素质。通过培训、交流、实践等方式，提高教师的专业素养和教学能力，使其能够更好地适应新的教学规律和要求。

第四，加强校企合作。为了提高学生的实践能力和综合素质，我们需要加强校企合作。通过与企业的合作，为学生提供更多的实践机会和实习岗位，同时，为企业输送优秀的人才资源，实现校企双赢。

综合而言，通过不断努力和创新，我们能够培养出更多具有实践能力和创新思维的新媒体传播人才，为社会的进步和发展做出更大的贡献。

第二节　大数据助力新媒体传播专业教学改革

大数据时代发展下，新闻传播方式、人们的阅读习惯都发生了变化。当前，高校的新媒体教学也不断跟随时代潮流进行创新和发展，但是目前仍然存在许多问题。高校新媒体教学对比当前的新闻传播市场还是略显落后，高校还是需要明确新闻传播教学的培养目标模式，改革陈旧、过时的教学内容，培养出当前新媒体传播工作急需的人才。

一、大数据对新媒体传播教学提出的新要求

（一）培养应用型的复合人才

高等本科院校的新闻传播专业的培养目标是培养应用型高端人才，为我国新闻事业输送具有创造力的新鲜血液。落实到学生个人层面的培养目标是让学生能迅速适应新媒体传播工作，将理论知识最大效率地转化成生产力。基于这一基本培养目标，在大数据时代背景下，高校新媒体传播专业应该结合当前新闻传播特点，更新和调整教学方案。当前，新媒体传播呈现出越来越强的学科交融趋势，这要求高校培养复合型人才，拓展学生综合素质。教师应该按照新闻传播产业发展特点预计未来新媒体传播的变化趋势，同时，培养学生掌握新媒体传播发展规

律、熟悉新媒体传播方式的能力。高校还要重视新闻传播专业学生的实践能力，只有在实践中才能做到对专业知识的及时更新，没有实践能力的学生是无法适应大数据时代下新闻传播的发展变化的。新媒体传播教学应该从培养复合型高素质人才出发，把新媒体发展的新技术和新媒体发展的新理念、新思维融入教学内容中，以适应大数据时代的要求。

（二）加强数据新闻的素养教育

大数据时代背景下，新闻传播对云数据运算的依赖越来越强，评测新闻传播效果可以运用平台上的"流量"来计算，当前，流行的微信公众号、微博、抖音等传播方式都重视消息的流量，通过对数据进行统计、分析评估消息的影响程度。一方面，当前高校新媒体教学应该培养学生对数据新闻的敏感程度，有意识地抓取人们的阅读习惯、行为习惯制作数据新闻，将最新、最为准确的新闻传授给大众；另一方面，依托云数据处理能力，各行各业对消息的要求更精准了，尤其是对于国际上的消息，大众更加关注，学生应该扩大新闻传播的范围。大数据时代用数据表意的新闻越来越多，因此，学生应该学会用数据表现新闻、传递思想，满足当前人们对精准信息的需求。

（三）提升学生的信息素养

在现今社会，生活的各方各面已经离不开大数据，为此，想要让学生适应社会的发展以及时代的变迁，学校要培养新媒体传播专业学生信息素养。信息素养的内容相对较为复杂，涉及各方面知识，它是一个相对比较宽泛的概念，包含了与信息技术相关的各方面因素，特殊的、涵盖面很宽的能力，它包含人文的、技术的、经济的、法律的诸多因素。首先，学生应该理解信息技术的价值和重要性，正确地看待网络带来正面以及反面的影响。其次，学生则是具有信息检索功能，可以利用大数据的支持，来收集资料，了解学科之外的知识。最后，要学会鉴别，大数据的影响利弊参半，学生只有正确地认识大数据，学会鉴别以及应用大数据才能够更好地应用大数据。为此，在大数据时代背景下，学校应该培养学生的信息素养。

（四）构建双师资型的队伍

想要应对大数据带来的各项挑战，那么仅仅依靠单纯的课堂理论教学难免显得势单力薄。课堂教学中，教师往往只是阐述相对理论的课本知识，但是对于具体的大数据应用却比较匮乏，为此，想要实现高效课堂的构建，学校应该从教师学术水平以及岗位工作技能两方面入手，构建双师型的师资队伍。学校需要组织教师深入新媒体产业或者平台进行培训，也可以借助大数据以及新媒体的优势，创建属于自己的新媒体平台，通过对平台的数据流量进行分析，可以了解现阶段社会新媒体传播的主要方式。无论是哪一种方法都可以有效提高教师的岗位工作能力，在双师型教师的引导，学生也会全方位地发展，而不是单纯地有知识无能力的空架子。

二、大数据背景下高校新媒体传播专业教学的改革

（一）改变教学观念，明确教学要求

当前，高校的新媒体传播专业过分注重学科理论知识，强调学生运用新媒体、编写新闻的能力，但是缺乏让学生认识大数据技术与新媒体传播产业的融合。学生在平时学习生活中，也不重视培养自身的大数据运用能力。传统新媒体报道模式是在现场采访、搜集信息，并在现场编辑新闻，通过现场声音、现场图像呈现给信息受众一个客观的事件报道。但是大数据时代，新闻的制作需要结合真实数据来展示客观世界，新闻工作者通过对真实数据进行收集、整理、分析，总结出有用信息。这要求学生在掌握大数据相关技术的情况下，通过大数据收集、计算、分析，抽取有用信息进行新闻制作。针对新闻传播呈现的新特点，学校应该及时更新教学理念，明确新媒体传播专业的培养目标，并在教学中将培养目标细化，将高校学生培养成新媒体传播产业的高端应用人才。在具体的新媒体传播教学过程中，新媒体专业教学要强化学生收集、分析数据的能力，让学生掌握从数据库中抓取有效数据的技巧，让学生将数字中反映的信息以文字、图片的形式呈现出来。另外，根据新闻传播多学科交叉的特点，教师还应当拓展学生的眼界和能力，强化学生新闻采写能力，设计出一套增强学生新闻采编能力的教学体系。

（二）多学科交叉教学，增强综合素质

随着信息时代的发展，各行各业的信息、知识都展示在网络平台上，人们的视野越来越开阔，综合素养越来越高，新闻需求的宽度越来越广。这就给新闻传播专业人士提供了新要求，要求他们具备更综合的素质。因此，新媒体专业教学应该扩充学生的知识范围，将新闻传播学、社会学等学科知识相互交叉，加强新闻传播专业的选修课设置。新闻传播专业选修课的学科范围应该更宽，让学生选择自己研究比较多、比较感兴趣的学科学习，方便学生在将来实际工作中对这方面的新闻做更深度的研究报道。当前，对新闻传播效力的评价主要依赖于大数据计算，新媒体平台上可以随时展示丰富的数据分析内容，监控新闻传播人士的工作有效性。掌握了这些数据后，新闻传播专业人士才可以评价新闻作者的专业能力，并且新闻从业者想要提升自己的专业能力，也需要根据数据对自身能力进行评估、改进。因此，培养新闻从业者掌握一些数据挖掘、云数据计算的理论、操作，对于提高他们的专业能力作用很大。

（三）加大校企的沟通，多维度培养学生的能力

大数据时代下，信息传播与现实生活越来越紧密，呈现出一种自媒体的特点，自媒体的发展有助于培养学生发展新闻传播运营自媒体过程中将理论知识应用在实践中，增强学生对新闻传播专业的认识。在教学中，学校还应该加强与新媒体企业的交流互动，多维度、全方面地培养学生能力。一方面，学校要加强对学生理论课程的教学工作，除了新闻传播学专业基础课外，还应该设置一些数据分析课，例如大数据挖掘、大数据新闻等专业课程，让学生掌握大数据新闻的采写能力，更完善地培养他们的新媒体传播专业能力；另一方面，学校可以加强学校师生与企业人士的交流，互换经验，惠及双方。学校可以邀请企业优秀人才来学校做专业宣讲，让学生了解新闻专业实践工作人员的工作内容、职业素养，把学生的眼界从校内拓展至校外，让学生根据新闻专业的市场需求培养和发展自己的专业能力。最后，学校也可以鼓励新闻传播学教师学者去企业内兼职任职，对企业人员的专业能力进行指导，让企业人员学习新闻传播专业的学者们具备的专业素养、掌握的专业能力。在双方交流中相互更新各自的资源，发展采编理念。

（四）创造新教学模式，培养综合素质

高校新媒体传播专业师生可以建立自己的新媒体平台，让学生关注社会事件，及时采写新闻并进行发布。新媒体平台的运营、维护可以分部门进行，分为采编部、校对部、后期维护部门等。在自己的新媒体平台上，学生可以体验整个新闻传播过程，并对新闻事件做数据分析，运用已学的数据分析知识，对新闻传播过程的数据进行可视化展示，挖掘隐藏信息。学校可以引进相关的大数据分析设备和软件帮助学生分析新闻传播数据。在数据的分析方面，首先，教师可以让学生对新闻传播整个过程的数据进行分析，将整个过程可视化，有针对性地解决自己在新闻采写、发布过程中的不足，积累新闻传播经验；其次，教师可以让学生分析信息受众，掌握不同群体对信息的需求情况，实现新闻的精准化传播，将信息精准地投入各消息受众中；最后，教师可以针对某一新闻信息让学生做交流讨论，总结新闻传播过程中获得的经验，在分析新闻的传播时，可以让学生运用大数据挖掘、云数据计算等内容，更精准地分析消息传播中的优势、阻力。

（五）产学研深入发展，创造一体化实践教学体系

在高校的教育中，将专业教师的科研、课堂教学以及企业实习融为一体，构建三位一体的产学研实践教学体系。相比于传统的实践教学模式，这种实践教学模式先进且符合一线的需求。因为教师所研究的内容往往是比较先进或者符合地区发展的项目，引导学生参与进来能够让其增加对于本专业前沿知识了解的同时，掌握当地的新媒体传播产业发展结构，从而对未来的新媒体市场有一个把控，深入了解大众化的阅读内容以及阅读习惯，这对于学生日后就业竞争力的提高有着极大的帮助。

大数据时代背景下，高校要强化新媒体传播专业教学就需要对现有教学模式进行创新和变革。首先，新媒体传播专业要明确培养目标，建立适应大数据时代需求的培养体系；其次，教学过程中教师要重视大数据新闻采写能力，培养学生挖掘数据、抓取有效数据的能力；再次，学校要与新媒体企业建立联系，相互交流，相互学习；最后，学校要改革教学模式，引入大数据分析软件，培养学生实际操作运用数据的能力。

第三节　新媒体运营课程的项目化教学改革

随着新媒体技术的推广及新媒体平台普及，"新媒体运营"作为一门核心课程，在高等职业教育诸多专业广泛开设，这正是职业教育迅速适应产业与经济发展需求的表现。然而，新媒体技术及产品迭代速度快，运营方法变化多，客观上给新媒体运营课程教学增加了难度。如何在课堂与岗位、学校与行业之间快速建立紧密连接，形成校企一体化项目，是当前新媒体运营课程教师队伍需要重视的课题。

一、新媒体运营课程教学存在的主要问题

新媒体运营课程的岗位针对性不明确。从 2022 年 9 月教育部发布的《职业教育专业简介》（下称《简介》）中发现，"新媒体运营"是高职出版商务、融媒体技术与运营、网络直播与运营、网络营销与直播电商、网络舆情监测、智慧旅游技术应用等众多专业面向的岗位（之一）。但在实际教学工作中，却少有人对这个岗位的核心能力要求进行拆解，导致在新媒体运营课程教学中针对性不明确。并且，除了《简介》中所提及的相关专业外，市场营销、电子商务、新闻采编与制作、旅游管理、文秘等专业都有开设新媒体运营课程。

同样，这门课程支撑的是什么岗位，有些专业是否有开设新媒体运营课程的必要，也没有经过严格论证。另外，如果新媒体运营能力在当前各个岗位都有需求，那么开设新媒体运营这一门课程，能否支撑起新媒体运营这一岗位或者某一岗位能力呢？至少从目前情况来看，效果还不尽如人意，也没有出现非常适合高职教育的新媒体运营课程教材。新媒体运营课程应用性不足。高职教育培养适应各行业一线技术技能人才的目标决定了高职各专业课程开设，尤其是核心课程开设要对接岗位与职业，增强实践性、应用性。然而据调研了解，目前，高职新媒体运营这门课程在教学上主要还是以课内方式进行，而且讲授内容往往滞后于企业需求。从课程任务设计、教学执行到成绩评价，都由任课教师一人完成，很少与企业和产业相关联。学生进入就业市场后发现课内所学与真实工作存在较大差距，尤其是运营思维不能达到岗位任职要求。

新媒体运营课程资源不足。新媒体运营课程实施需要平台、技术、产品等各方面的资源互相配合才能有效完成一场运营工作。然而，限于学校场所、资源、师资条件限制，在课程实施过程中，大多数学校只建立个人账号，学生对企业号认知和运营欠缺；技术方面和企业实际工作也存在差距，教学过程无法和生产过程对接；师资方面，由于时间安排、制度限制等原因，企业实际参与教学过程往往不足；产品则以虚拟为主。凡此种种，在实际新媒体运营课程教学过程中，资源欠缺成为阻碍教学效果提高的一个重要问题。

二、新媒体运营课程项目化教学改革策略

项目制教学以具体工作项目为载体，以实践为主、理论与实践相结合为主要教学形式，学生通过完成项目任务而习得知识与技能，其最典型特征是"做中学"。其中，"'做'不仅仅是为了训练学生技能，更是期望通过'做'发展学生具有综合性质的职业能力，包括实际的操作能力，运用资源完成操作任务的能力，对知识的理解与记忆，对工作问题的思考能力，以及相关职业素养"①。因此，课程有效项目化，让学生在项目实施过程中"学"，是新媒体运营课程教学改革的主要策略。

（一）新媒体运营岗位的能力拆解

明确新媒体运营岗位职责和岗位要求，是进行新媒体运营课程教学项目构建的前提。通过对新媒运体营用人单位的调研及对相关招聘启事的总结，新媒体运营岗位的核心能力要求主要表现为如下几方面。

第一，账号管理与运营：负责制订新媒体平台（微信、微博、知乎、小红书、抖音、快手等）的内容建设方案，明晰定位、目标、发展策略并实施。

第二，用户分析与运营：进行用户画像，分析用户需求，根据需求调整自媒体平台内容建设，提高用户量、留存率及活跃度。

第三，内容输出与运营：根据用户需求，进行自媒体平台内容的选题、执行、出稿等整体规划和运营管理，把握整体风格及发展方向。

---

① 徐国庆. 如何理解项目课程的本质[J]. 职教论坛,2014(09).

第四，数据分析与运营：收集、整理、分析自媒体平台数据，并充分利用大数据平台数据发现、甄别问题，根据数据结果进行策略调整，改进运营。

第五，活动策划与组织：根据企业要求，结合产品特点、时事热点与平台特征，策划、实施活动，提高运营效率与效果。

可见，新媒体运营岗位包含的工作内容非常广泛，从内容、用户、活动、产品到数据。这种内容含量仅靠一门课程（36 学时或 72 学时），很难达到让学生既掌握理论知识又习得实践技能的目标。我们也发现，随着新技术、新平台、新方法的出现，新媒体运营岗位技能分支越来越细，已由原来经典的"用户运营""产品运营""内容运营""活动运营"四大模块组合，衍生出包括社群运营、网站运营、流量运营、平台运营、店铺运营等多个模块。随着分支的细化，新媒体运营岗位要求也必然越来越多元化，相对应的课程教学也会发生新变化。

（二）新媒体运营的项目设计

由于新媒体运营职业技能的变化及细分化，传统的"课程制"导致学生对授课内容的理解不够深入，在课程结束后很难把所学知识整合起来，并运用到具体的现实项目中。因此，需要教师充分把握课程知识目标、技能目标及素质目标，设计、引进合适的项目融入教学实践。师生通过校企融合项目的实施，实现课堂教学与项目实施同步，让学生尽可能多地掌握新媒体运营的知识与技能。

新媒体运营教学项目设计与引进，要以市场为导向，以企业实际工作为依托，以新媒体运营核心能力需求为根本，尽量克服校内师资知识技能的限制，避免形成"小鸡教小鸭游泳"的局面。但实际情况是，目前，高职院校新媒体运营方面的师资多是传统新闻类专业转型而来，本身对新媒体运营的市场流程及规范的了解多为理论层面，真实项目运营经验欠缺，在教学过程中设计的项目以虚拟为主。为此，设计新媒体运营课程项目，要广泛吸收企业师资进入课程教学队伍中来，项目要和企业实际工作联系，并保持每年根据实际情况更新。建立校企深度合作关系，是保持项目可持续性的前提。

（三）新媒体运营的项目团队组建

项目团队是完成项目任务的基础。在开展教学活动之前，教师要根据校企任务要求，充分挖掘学生的特点，合理组建项目团队，团队成员根据工作要求和自身特点，承担不同的任务并接受检验。其中，企业导师和课程教师负责项目的整体协调、指导和评价工作，各学生团队负责项目的具体实施、复盘及修正工作。在实施项目过程中，要以学生为中心，充分尊重学生主体地位，教师发挥协调指导作用，师生共同完成教学目标和项目任务。

（四）建立新媒体运营的项目考核标准

项目化教学，既要完成项目任务，也要完成课程教学任务。所以，在考核时要将二者结合：即将企业项目标准作为评价学生项目任务完成情况的标准，将过程性评价和终结性评价结合起来作为评价学生课程成绩的标准。在新媒体运营项目考核中，课程教师和企业共同制定评分标准。

在考核中，75分通过平台数据埋点实现后台直接统计分数，25分由教师根据学生表现打分。学生每次完成直播任务后，都能看到自己工作实施的效果。这为复盘和改进下一次工作提供了很好的参照。

当然，课程成绩则要综合考虑整个学期中各个项目任务完成的情况、考勤、参与度、现场表现等要素。课程成绩和项目考核成绩既相关联又有所区别，充分调动学生积极性、主动性。

三、新媒体运营课程项目化教学反思

一是新媒体运营是一个内容广、变化快的岗位，仅靠一门课程，很难完成所有项目。为此，需要跨课程甚至跨专业联动，组建更大、更完备的项目团队去承接具有综合性的企业实际项目。另一种方法，则需要从专业课程设置入手，将新媒体运营分解为内容运营、活动运营、用户运营等几门课程，将这几门课程的实践内容综合在平台运营这个大项目下，各司其职，共同完成培养学生的新媒体运营能力的目标。

二是项目课程改革的深入是随着教师知识的深入而深入的。要实现新媒体运营课程的创新性改革，首先要以促进教师知识增长与技能提升为着力点，保证教师充分了解岗位任务与能力要求。为此，教师要保持与企业的密切接触，不断进行自我知识与能力更新，不断依据市场进行工作任务与职业能力拆解，是进行新媒体运营教学改革也是职业教育课程教学改革的重要方法。同时，作为课程方向的把握者，教师要不断拓宽项目来源，保证教学具有持续性。

三是专业要建立自己的新媒体平台账号和工作室。专业拥有自己的新媒体账号，才能保证教学项目的持续性和主动性，才能更充分发挥项目功能。同时，新媒体运营课程教学要注意学生创新创业能力培养，建立新媒体运营工作室。企业化运作的工作室能更好地与企业建立合作关系，操作也会比课程项目更加灵活。在专业层面、学校层面建立合作，更方便专业统筹，将项目更好地应用到各门课程中，打通课程间的隔阂，形成整体效应，促进新媒体运营人才培养。

第四节　新媒体运营课程的智慧化课堂教学模式

随着信息技术的日益成熟，综合云计算、物联网、移动设备等新技术的快速发展，为高校智慧课堂建设提供了技术保障。智慧课堂具有自动化、智能化、个性化等优势，带来了全新的教学、学习体验，引导学生充分利用智慧课堂优势，实现学习效果的跨越式提高。新媒体运营课程具有综合性高、时效性强的特点。构建该课程智慧化教学模式，充分利用各种智慧平台，将智慧学习与课堂教学有机结合，能够充分调动学生学习自主性，具有极高的研究价值。

一、智慧课堂的概念

目前，智慧课堂的定义在学术界尚未统一，不同学者从不同的角度给予了解释。综合梳理众学者的研究，初步将其定义为：智慧课堂是指利用大数据、物联网、人工智能等先进信息技术，通过革新传统的教学方式，将课堂变成具有智慧的教学环境，实现教学全过程的数字化、高效化、个性化、智能化，让学生能够进行智慧化的学习，充分掌握专业知识的新型教学模式。智慧课堂包含两方面的内涵：一方面，智慧课堂充分运用了先进技术的智能化课堂，教学方式和教学环境均实现了智能化；另一方面，智慧课堂是以学生为中心，侧重于培养学生综合素质的新时代教育方式，教师与学生可以充分地交流、互动。智慧课堂概念的提出与发展，实质上是信息技术和教育深度结合的产物，也是课堂教学不断发展变革的产物。

二、智慧课堂的主要特征

（一）教学决策的数据化

依托智慧课堂先进的技术手段，教师可对学生在学习过程中形成的数据进行对比、分类、汇总，分析数据中存在的规律，掌握学生在阶段性学习过程中出现的问题，并进行有针对性的教学调整。比如，数据显示学生对知识理解弱化，教师可实时加强重难点讲解；学生对知识运用的能力不强，教师可适当增加课后辅导或课后拓展。智慧课堂量化的教学分析，使教师在教学决策方面更有依据，增加了教学的针对性、有效性，有利于对学生精准施策。

（二）评价反馈的即时化

智慧化课堂运用了先进的技术手段，可以跟踪记录学生在各阶段的学习及完成情况，并且以量化的形式进行处理，教育平台通过对各阶段数据的分析、汇总，形成学生的评价结论。这些数据实时更新、无主观臆断，避免了教师受主观因素的影响。教师可根据生成的评价，实时掌握学生的学习全过程，并根据出现的问题有针对性地进行改进，对教学效果的提高具有重要的作用。

（三）交流互动的多样化

智慧课堂结合了线上和线下教学优势，因此，师生交流、课堂互动也打破了原有课堂的局限，无论是在线上还是线下、课前还是课后，通过智慧课堂平台，师生互动交流可以不受时间和空间的限制。比如，学生在平台进行课前预习的过程中提出问题、激发兴趣；上课期间，教师通过智慧课堂引导学生互动交流、发散思维；课后教师通过平台进行有针对性的辅导，答疑解惑；还可以在平台上进行课后拓展训练，锻炼思维能力，真正实现交流无处不在。

（四）资源推送的智能化

智慧课堂为教学营造了智慧化的教学环境，依托大数据分析，多媒体、物联网等相关技术，智慧课堂可实时记录学生的学习数据，并对数据进行智慧化汇总，分析出学生的学习习惯和学习效果，在平台上有针对性地向学生推送相关的学习资源，促进学生高效学习。同时，平台亦可智能分析课堂教学数据及学生学习反馈数据，有针对性地向教师推送改进建议及相关教学资源，双向结合，极大地提高教学质量。

三、新媒体运营课程的智慧化课堂教学模式注意事项

智慧课堂在新媒体运营课程教学中发挥着重要作用，课堂作为传授知识的场所，是培养学生综合素质的殿堂。因此，为了使智慧课堂发挥最大效果，在进行智慧课堂教学时，应注意以下几点：

（一）重视人文关怀

智慧课堂为师生交流增加了新的平台，也为教师教学提供了有效的辅助工具。但教师在借助智慧课堂教学时，对学生评价不应该是机械式的数据分析，应多注重学生心理的变化，多与学生面对面交流，及时了解学生的心理变化并加以辅导。让学生在高效学习的同时，心灵也得到洗涤，促进学生全面健康发展。

（二）加大资源开发

智慧课堂应该是多元化知识交流学习的平台，教师应该注重平台资源的开发、推送，而不能将其变为纯粹专业知识教学平台，学生很容易对智慧课堂内容失去兴趣，影响教学效果。因此，智慧课堂资源丰富程度会影响学生的学习兴趣和教学活动的顺利展开。

（三）体现教师课堂的主导作用

因智慧课堂建设正处于发展阶段，相关理论建设不完备，致使部分教师在教学时过多依赖课堂设备进行教学，导致学生在课堂注意力多被多媒体设备分散，忽视对知识的掌握。因此，教师在借助智慧课堂教学时，应发挥教师的主导作用，将智慧课堂的先进技术、设备作为教学的辅助手段，将学生注意力转移到专业知识的掌握上，使智慧课堂更好地服务于教学过程，更好地增强教学效果。

四、新媒体运营课程智慧化课堂教学模式的改革策略

近年来，新媒体呈现出蓬勃发展的趋势，成了当下的热门行业。新媒体运营课程作为高职院校电商专业的基础课程，具有综合性强、融合性强的特点。为了更好地培养新媒体运营行业相关人才，在进行相关教学活动时，应采取与时俱进的教学方式，智慧化课堂教学模式就成为最合适的选择，对教学模式进行优化也显得尤为重要。

（一）建立智慧教学目标

教学目标是教学活动开始的第一步，是教师对教学过程的规划和期望。通过智慧课堂教学，使学生学习过程智慧化，从而培养智慧型的人才，是智慧教学的目标。高职院校开设的新媒体运营课程的教学目标是由专业知识、综合能力、基本素养三个模块构成的，这些能力的掌握是通过学习课程相应的章节来获得的。在构建智慧教学目标的过程中，教师可以将其细分至每个章节，甚至每个知识点，再根据教学目标设计教学活动。智慧教学目标的设定应具有动态化和个性化的特点，具体而言，动态化就是教师根据课堂质量、评价，及时对目标进行调整。由于新媒体运营课程具有与时俱进的特点，动态调整教学目标能够及时跟上课程的变化，不至于脱节。个性化是指教学目标要适应于不同的学生，针对学生的个体差异，差别化设置教学目标，因人施策。

（二）增加智慧教学活动

教学活动是指为了达到之前设定的教学目标而进行课堂教学的过程。相较于传统课堂，智慧教学活动将以学生为中心展开，同时，可渗透混合教学、翻转课堂等多种教学策略，主要包括课前、课中、课后三个部分，每一环节均由教师和学生共同完成。

课前阶段，教师根据课时目标规划教学设计、制订预习计划，课前预习阶段的形式可以多种多样，比如，微课、多媒体课件、电子测试题等。学生在预习新课时可以通过微课讲解、多媒体课件加深印象、激发兴趣，电子测试题可以帮助学生巩固知识。教师通过智慧课堂教学平台，将预习的文件发至学生的移动设备

上，在收到学习文件后，学生自主安排时间在规定的时间内完成课程预习任务。在这一过程中，充分发挥智慧课堂的优势，鼓励学生线上交流、碰撞思维，发表学习心得；教师可适时解答疑惑，收集学生问题进行分析。之后，根据学生反馈的预习效果，教师加以总结、归纳，适时对教学设计进行优化。

课中阶段即教学阶段，教师根据教学设计，通过采取知识竞赛、情境引入等方式导入新课，这一过程可通过多媒体设备、移动设备组合的方式进行教学。其中，多媒体设备起到播放课件及与课件有关的视频、音乐等的作用，移动设备起到加强学生与教师交流的作用。在教授完新课之后，可适时开展强化训练，利用移动设备在线进行操作演示或者知识点拓展，使学生加深印象。学生在线上进行巩固时，对于互相讨论无法解决的问题，可通过移动设备向教师推送，教师适时进行解答。在教学的后半段，教师向学生推送趣味测试题，学生线上进行答题，测试结果通过网络实时回传至教师移动设备端，教师借此可以实时掌握教学效果。如此一来，借助智慧教学设备，使得整个教学过程高效、快捷，师生实时交流，促进智慧学习的生成。

课后阶段，教师可设计课程内容相对应的练习题并将其推送至学生的移动设备上，以此帮助学生巩固课堂所学知识。鉴于新媒体运营课程的实操性较强，教师可设计操作性强的案例帮助学生加深记忆。同时，根据前期反馈的不同学生的教学效果分析数据，教师还可以有针对性地向学生推送相应的练习题。之后，学生将完成的练习题回传给教师，教师可随时线上批阅。这一过程中，智慧课堂平台也将实时记录学生的答题过程，并形成数据，教师可根据分析结果得出学生对知识的掌握能力，进而有针对性地进行线上答疑、辅导，从而达到因材施教的目的。

新媒体运营课程与互联网技术联系紧密，课程更新频率较快。因此，该课程须利用互联网技术以辅助了解各平台运营机制，在教学中往往会穿插电商平台实际案例进行讲解说明。鉴于新媒体运营课程的特点，采用智慧课堂模式教学很有必要。课前阶段，教师将预习内容及相关设计知识通过平台推送至学生移动设备，学生在线上进行自学，互动交流，了解课程内容。借助线上平台，教师可向学生推送案例实操视频，使学生加深印象。课中阶段，教师根据之前学生预习反馈，有针对性地向学生推送与课堂内容有关的视频、PPT 演示等内容，对课堂内容进行讲解。对于涉及相关电商平台的内容，则可以让学生通过移动设备打开电商平台进行现场演示，这样既能激发学生兴趣，又可以锻炼学生的实际操作能力。课后阶段，教师可通过智慧课堂平台设计一些实际操作的测试题向学生进行线上推送，学生线上完成作业，教师积极进行答疑，以此更好地帮助学生掌握知识。借助智慧课堂教学模式，将极大地激发学生的学习兴趣，由于可以实时互动且可以实现理论与实践结合，将有效提高教学质量。

（三）进行智慧教学评价

教学评价是衡量教师教学质量及学生学习成果的重要一步，是检验教学成果的重要表现。智慧课堂的评价包含两方面内容：一方面，是课前、课中和课后过程的评价；另一方面，是线上和线下的学习评价。线上评价主要是指平台设备实时记录学生在线上学习过程中的数据，并根据数据对学生的学习情况进行研判，由于是对学生学习的全过程记录，因此，这些数据能够比较客观地反映学生的学习情况。线下评价主要是指学生在课堂中表现及学习成果，课堂表现多依靠教师的观察，辅之智慧课堂设备收集的数据，学习成果则多依靠测试、实际操作等形式实现。

新媒体运营课程涉及多种不同媒体平台的运营，最终的评价结果不能单依靠期末测试成绩或者课堂练习进行考核。在课程开始之前，教师可以借助智慧课堂平台搭建虚拟的运营环境，引导学生建设自己的多媒体平台，并设置属于自身的账号，教师设置媒体平台粉丝数、最高访问等量化数据。随着课堂教学的深入，可让学生根据所学的内容逐步完善自己的多媒体平台。在此过程中，教师可通过线上实时指导学生在实际操作中出现的问题。在整个教学周期完成后依据学生的完成情况进行量化考核。这种教学评价模式的改革有利于学生理论联系实践，更好地掌握所学运营策略。

智慧课堂是先进信息技术与新教学理念结合的产物，是教学改革的重要一环。智慧课堂具有教学决策数据化、评价反馈即时化、交流互动多样化和资源推送智能化的特征，教师在教学过程中应结合课程的特点，设计贴合智慧课堂教学模式的教学目标、教学方式，完善教学评价，进一步提高教学质量。

第五节　新媒体短视频运营课中的"1+N+1"教学模式

随着手机移动端在社交媒体的飞速发展，新媒体运营已成为电子商务引爆流量的重要引擎。其中，短视频运营从用户定位、脚本撰写、拍摄简介、上线推流到数据复盘，全方位考量一个电商运营人员的综合能力，在有限的课时下，也考验着教师实训教学安排和统筹能力。通过引入建构主义学习理论和"塔式进阶"实训教学模式，跨境电子商务专业教师探索出一套在任务细分基础上，分配1学时基础技能学习，N学时课外运用实践，1学时能力升级，每个细分任务螺旋上升，最终项目落地，完成实训教学任务的"1+N+1"教学模式，收到良好的实践效果，并有效应用在"新媒体运营"课程的其他项目实训教学中。

中职跨境电子商务专业新媒体短视频运营课程是一门实践性极强的课程。同时，也是一门冷门的学科，因此，中职阶段的教学资源相对匮乏。面对这种情况，跨境电子商务专业教师在教授这门课程时，采用教学研融合的项目教学、案例教学、情境教学、任务驱动、角色扮演等教学方法，优化教学效果，提高教学效率和质量。

一、运用任务驱动式的教学法

（一）创设情境的方法

短视频营销项目的背景建立在学校对口扶贫地区——广西靖西的四种手工或农产品在抖音平台进行的推广。疫情平稳后，农产品滞销问题引起国家关注，我们挑选的产品分别是绣球、高山红茶、蒲公英茶和山楂特饮。在项目开始之初，各小组经过调查，选定自己感兴趣并认为能胜任的产品作为项目产品，进行任务的标准化推进。

同时，每一个任务设计均从学生原有认知结构中的有关知识和经验出发。例如，调取个人抖音账号推送个人生活视频的命名，通过每一个视频的数据反馈，总结流量高的命名特点，再与教材的知识做比较，用个人经验与教材标准互为补充来建构短视频标题文案撰写的知识要点。

(二) 确定任务的方法

在创设的情境中,将短视频营销项目分解为八个具体任务作为学习的中心内容,让学生面临一个需要立即解决的现实问题。每一个任务的解决都关系到下一个任务的开始,任务之间的关联性使学生更主动、更广泛地激活原有或上一任务的知识和经验,从而理解、分析并解决当前问题。

每一个任务以问题为导向,层层深入,引导学生进行重点学习和难点突破。例如,在任务一"短视频用户定位"中,从"产品短视频目标用户是谁"到"为什么需要确认短视频目标用户"到最后"如何精确定位该产品短视频目标用户",层层递进,解决三个问题后,完成短视频用户定位任务。

(三) 自主学习、协作学习的方法

学生根据教师提供的有关线索去解决问题,如有关知识点的微课视频、需要收集哪一类资料、从何处获取有关的信息资料等。强调发展学生的"自主学习"能力。同时,倡导学生小组进行展示、答辩,学生与学生之间进行讨论,不同的观点之间进行碰撞,通过对问题的不断改进深化每个学生的解决方案。

二、基于"塔形进阶"的"1+N+1"的教学模式

(一) 从个体经验到建构主义

建构主义教学观认为,教学不能无视学习者已有的知识经验,不能简单、强硬地从外部对学习者实施知识的"填灌",而应把学习者原有的知识经验作为新知识的生长点,引导学习者从原有的知识经验中,主动建构新的知识经验。我们的每一个项目都从学生原有的个体生活或知识经验出发。例如,在短视频营销这一项目开始前,让学生基于个人短视频的生活体验,以及慕课大学的学习,对一个简单的视频进行制作和推送。以此充分调动学生的原有知识、生活经验,尔后利用该经验进行短视频营销标准化工作流程以及制作方法的意义建构。

（二）线性推进第一学时的方式

每一个任务的第一学时均为基础技能学习阶段，是建构认知结构、启迪结构和反思结构的教学过程，示范—模仿—纠错—巩固的线性推进是该阶段的主要教学方式。在观察示范中形成技能定向，在模仿练习中形成操作的连贯、准确，在纠错思考中掌握细节方法，在反复巩固中完成技能标准定型。

（三）课中 N 学时使用技术实践的方式

经过第一学时对技能的学习，以及课上对技术难点的突破，学生在第一学时和第二学时之间，根据各小组的不同情况，安排课后学时数不定也不纳入授课计划的课中实践。该阶段虽不在课堂教学时间内，却往往耗时超过课上的学时数。校企双导师通过微信社群、信息化教学平台、面对面等方式进行指导，尽可能初步完成该任务第一学时的技能要求，进入第二学时的精确提升、定稿阶段。

（四）螺旋上升第二学时的方式

每一任务的第二学时为工作能力升级阶段，从单纯技能学习到工作思维的养成，需要建立方法与任务之间的联系，理解任务与任务之间的关系，在第一学时建立的标准工作技能基础上，熟知不同岗位的工作范畴、工作流程、工作规律，在课中 N 学时的实践中明确工作团队成员间的关系与互动后，在第二学时通过体验—碰撞—复盘—改进式螺旋上升教学过程，在体验中获得工作经验，使学员在体验中积累工作经验，在碰撞中深化知识的理解，在复盘中达成团队共识，最终在改进中实现知识的内化与提升。

（五）课后拓展阶段作品落地的方式

每两课时为一个标准工作流程任务。因此在经过第二课时的精细化打磨后，学生根据课上教师的指导，将作品完善，同时在课后拓展阶段，企业导师线上进行指导，将该阶段任务作品落地，为后续工作流程的完成做准备。直至全部工作任务结束，短视频营销项目作品最终落地，并收回全部营销数据。

三、重视课程思政和课程评价

以电商行业专业核心素养、精益求精的工匠精神和劳动精神为指引，集育德、育才为一体，有效吸引学生注意力，使学生在潜移默化中认同和接受科学的价值观、人生观、世界观。将网络文明教育、家国情怀教育、版权意识教育、劳动精神教育融入课程。

以促进学生综合能力发展为主，在各环节进行实时评价，从个人自评、师生互评、教学平台、新媒体平台评分四个维度建立多元化评价体系。实时掌握学生的学习动态，及时调整教学策略，有针对性地进行差异化指导。

中职跨境电子商务专业新媒体运营课程中短视频项目实训教学的"1+N+1"教学模式探索，引入了与建构主义学习理论以及建构主义学习环境相适应的教学模式，以学生为中心，在整个教学过程中，教师起帮助者、指导者、组织者、促进者的作用，利用情境、协作、会话等学习环境要素充分发挥学生的主动性、积极性和首创精神，最终达到学生有效实现对当前所学知识的意义建构的目的。项目课程开始前，引导学生利用已有生活经验和知识基础，成为新知识意义的主动建构者；尔后，设置企业真实任务驱动，以企业短视频营销的标准工作流程为教学任务设计依据，以教材知识为学生主动建构意义的对象；利用各种媒介，如线上教学平台、微课、营销平台等，进行情境创设、协作学习、复盘探索，最终在企业短视频营销标准工作流程的任务推进下，完成该项目内容，并获得推广实效。

第六节　课程思政融入新媒体运营课程教学的实践探索

作为新媒体的重要受众，大学生参与新媒体获取信息的途径、思维方式、学习路径、沟通交流模式等发生了巨大变化，这一变化也给思政教育带来了新的挑战和契机。课程思政是专业课和思政课有效融合的途径，是落实立德树人教育模式的有效手段。电子商务专业新媒体运营课程的主讲教师，应把握课程思政内涵，紧密结合专业知识与课程思政，通过在实践教学中融入思政元素的方式，探索新媒体运营的课程思政教学改革方式，力求在新媒体运营教学过程中达到专业课与思政课协同育人的目的。

课程思政是新时代落实立德树人的新型教育模式，将思想政治教育与专业技能知识有效结合是实现专业课与思想政治理论课协同育人目标的有效途径。本书以"新媒体运营"课程为例，指出该课程在实施课程思政过程中存在的问题，并基于此提出课程思政的实施路径，提高新媒体运营课程的思政育人效果。

一、课程思政的概念界定

课程思政不是一项孤立的思想政治教育活动，也不是专指某一门具体的专业课程，培育人才的高校教育要将思政教育融入专业教学改革和课程设计、专业实践、课程实训等各项教育教学环节，主动挖掘隐藏元素，提高隐性育人效率。

为提高思政育人效果，高校教育应将大学生精神追求、思政教育理论知识、青年价值理念等与思政教育相关的具体元素融入各门专业课程中，逐步影响大学生的行为举止、思想意识。课程思政是高校及高校教师利用非思政类的多学科课程开展思政教育的全过程，其中教育目标、教学内容、育人途径、教育方法等形成一个有效体系。课程思政中的"课程"，包括通识课程、基础课程、专业课程和其他隐性课程，即所有的非思政课程。课程思政是非思政课程的思想政治教育过程，是实现"三全育人"目标的重要实施途径及有效抓手，对推动思政教育改革具有指导意义。

二、新媒体运营课程的教学现状

新媒体运营是电子商务专业理论与实践相结合的专业必修课，课程以微博、微信、今日头条、抖音等新兴媒体平台为研究对象，以用户需求和产品特点为依据，研究新媒体平台用户、产品、内容、活动等方面的运营方法、新媒体运营技术问题。在新媒体运营课程中，教师将思政元素融入教学中，力争育人工作贯穿整个课堂，提高学生的思想道德素质，使专业教学过程与课程思政推进过程协同发展。新媒体运营作为电子商务专业理实一体的专业核心课程，在教学内容及方法上存在诸多问题，尚未达到全面推进"课程思政"的要求。

（一）教师的课程思政经验不够

由于新媒体运营属于新兴学科，该门课程教学多由青年教师担任。青年教师与老教师相比，其新媒体操作能力及学习能力较强，擅长电子商务专业基础课程和核心课程的知识内容讲授，但其思政水平不高，对思政内容解读不够深刻，经常出现不知该如何将思政元素融入课堂教学的情况，导致专业教学与思政教育产生隔阂，在教学过程中遇到思政问题时无法给出及时有效的解决办法。

（二）课程教材思政元素的缺失

新媒体运营属于商务运营类课程，其内容涉及新兴媒体平台原理及实操内容，涉及的思政元素及内容较少。目前，新媒体运营课程思政教育仅依靠教师将思政元素融入案例教学中，融入性不强，很难实现"思政育人"与专业教育有机融合的目标。

（三）教学和思政教育联系得不够紧密

在教学过程中，教师过于强调新媒体运营课程中专业知识传授与专业技术的培养，对专业课程所蕴含的思政教育元素挖掘不充分，课程思政的推进和实施相对滞后。此外，人才培养以技能型人才为目标，课程中思政教育资源开发和利用不足。新媒体运营课程考核侧重专业知识的掌握，对学生媒介素养提升的重视不够。

（四）实践教学方法相对落后单一

新媒体运营课程拟培养掌握新媒体技术、熟知新媒体运营、了解营销策略的应用型创新人才。但目前的新媒体运营课程仍以理论教学为主，采用教师讲、学生听的传统课堂模式，无法激发学生学习兴趣。而且在课堂完成实践课内容的情况居多，实践过程简单单一，无法准确评价教学效果。

（五）学生新媒体素养的提升相对较慢

教师在新媒体运营教学过程中，侧重于专业知识讲授，对课程所含的思政类内容关注度不足，因此，学生人文素养提高较慢。电子商务专业的学生通过学习新媒体运营课程，不仅要掌握新媒体运营相关的专业知识和技术，还要提高个人的新媒体素养，即学生在使用手机、电脑、数字电视等新媒体，查看、判断、传播信息时体现出来的甄别能力、审美能力、媒体修养、职业道德素养。

（六）思政教育效果的考核标准存在缺失

传统教学评价体系以教评教，对学生的考核以专业知识为主，不涉及学生思维、认知、情感等方面的表现。学习新媒体运营，不仅要考查专业知识和技能等智力水平，还要充分考核学生思想、情感、意志、价值观、态度等非智力因素，考量学生的全面发展。

三、新媒体运营课程的改革措施

（一）提高教师的课程思政水平

首先，推进专业知识与思政教育协调统一发展是我国高校课程思政的难点。高校教学过程中的专业知识偏向于知识积累与知识求真，而思政教育则要求"真、善、美"与专业教育同向同行。专业知识的"求真"与思政要求的"善行、厚德"有效统一是课程思政要解决的重点及难点问题。专业课教学受到公理、定理运用的影响，课堂教授的专业知识本身所蕴含的价值追求逐渐被模糊化，使课程教师本人及学生逐渐淡忘学习知识的意义及初心。因此，课程任课教师应在课程思政实践过程中充分挖掘专业课程中蕴含的价值追求，多从人文主义角度融入社会主义核心价值观。

其次，新媒体运营类课程教师对思想政治教育较为陌生，应经常参加思政教育培训，全面提升教师课程思政教育水平。各大高校应在校级或院级层面上组织会议、培训、讲座、示范课，组织课程教师深入研习重要政策及重大会议的主要精神，提高课程教师对课程思政的基本认知，提高专业教师的课程思政意识。

最后，组织马克思主义学院教师参与其他学院的课程思政建设，可与其他学院教师形成合作机制，为课程教师提供专业的思政教育培训，消除专业课程教师的畏难心理，打消因缺乏思政教育素养而不敢参与课程思政建设的顾虑。培训还可以通过举办思政公开课等形式开展，帮助专业课教师了解思政教育中存在的不足，创新教育教学方法，提高融入质量，优化融入路径。

高校教师是课程思政推进过程的主体，也是学生的引导者。因此，课程教师的意识、能力都会影响学生职业技能、道德素质、生活观念的形成和发展。对教师进行良好的课程思政教育是指导学生健康成长、担好引路人责任的前提条件。

（二）将思政元素融进教材、教案中

教师是课程思政实施的关键主体，因此，每一位专业课程教师不仅要掌握专业课知识，也要处理好"知"与"德"的辩证关系，更要深入学习专业知识所隐含的社会意义与价值。只有当任课教师深刻认识教授专业知识的目的，掌握"德"与"知"的辩证关系，才能在课程思政实施过程中保持思政教育与专业教学相统一。

为了有效防止专业教学与思政教育"两张皮"现象，应解决新媒体运营课程结构体系中思政教学内容严重不足的问题。新媒体运营及新媒体营销类教材的内容编写倾向于新媒体平台特点、新媒体平台操作技巧、新媒体平台运营方法、新媒体平台营销技巧等方面的专业知识，针对每个章节应涉及的新媒体思政元素，即创新精神、诚信意识、社会责任感、人文精神、文化自信、消费者权益保护意识、法律法规认知等方面的正向导入极少。不仅如此，教材更新缓慢，导致教材内容落后于新媒体平台规则、技术、国家电商法规等更迭速度，因此，学生对教材章节内容不感兴趣的现象较为普遍。教师在准备教案或备课过程中应掌握"德"与"知"的辩证关系，选择大学生熟知的新媒体平台所报道的各类正能量人物事迹作为思政案例内容，以此感染和鼓励学生并导入思政元素。在教学内容设计上，教师应在注重对新媒体行业经典案例进行有效传承的同时，引入时下热门事件，通过现象分析其所涵盖的专业知识及原理，对案例进行正向点评，采用积极向上的课堂讨论等形式进行课程思政教育，帮助学生了解更多前沿热点问题，提高融入效果，帮助学生对案例有更加深入的理解与思考。

（三）掌握课程思政内涵，改变教学思维

随着课程思政的推进与实施，专业课教师逐渐调整了思政课、专业课分离的

状态，积极促进教学内容与思政元素的融合发展。近两年的教学实践证明，在新媒体运营等电子商务专业课中导入思政知识及元素，从学生关注的现象、角度、问题出发引导学生了解新媒体事件及新媒体运营案例的本质，再由此扩展到相关思政领域，有利于新媒体运营教学的完整性。高校应挖掘新媒体运营课程中的思政元素，依据学生个性化需求及专业特点，将思政元素有层次、多角度、有深度地融入教学大纲、课堂设计，延伸并优化专业课程结构，实现专业课程与思政教育的有效衔接。

（四）利用新媒体技术创造第二教学空间

课程思政是课程教学内容与思政教育元素互相融合的过程，而思政教育元素既包含信念与理想，同时，也包括理论知识与观念价值等多项内容。在新媒体运营的具体教学实施课程中，高校专业课程教师要充分利用线下及新媒体平台做好传道授业工作，营造线上线下双向互动学习氛围。在课堂之外，学生在新媒体平台上进行教师预设的预习和复习任务，在学习平台上与教师进行讨论和互动。新媒体运营是一门实践性较强的学科，除了课程实训环节，在日常教学中应积极组织学生运营新媒体平台的各类自媒体账号。学生在课程教师指导下充分利用移动互联网优势，在微博、今日头条等平台以创作者身份输出图文内容，借用微信、QQ、钉钉群进行社群运营与营销，借助抖音、视频号、快手等短视频平台进行短视频制作及直播变现。在运用情景教学过程中，培养学生应用新媒体技术的同时，增加以案例为导向的新媒体素质教育。

（五）加强学生思想素质和新媒体素养

课程思政要实现知识传授、价值塑造和能力培养的多元统一，就要明确"培养什么人""怎样培养人""为谁培养人"三个最根本的问题。新媒体运营课程要紧密结合课程思政，在原有专业课程基础上不断调整和优化新媒体运营课程相关的教学模式、教育目标、课程结构、讲授内容，把政治认同、文化自信、价值引领、工匠精神、人格养成等思政教育相关的价值导向与新媒体运营课程相关单元、章节知识及新媒体技术技能传授有效统一融合，保障专业教育充分发挥教书育人的作用。这就要求新媒体运营课程教师掌握新媒体技术、新媒体知识、新媒体缺陷，不断提升信息辨别能力，以便在课堂上更好地引导学生学习新媒体技术、掌握新媒体发展规律、甄别新媒体信息、培养新闻把关能力、建立新媒体思维、提升新媒体素养。因此，新媒体运营课可在每堂课的教学内容中挖掘思政元素，丰富专业课与思政教育知识内容，创新教育教学方式。为实现课程思政的有效推进，高校应改变新媒体运营课程教学的固定思维与传统模式，使思政教育融入新媒体运营课程教学的每一个重要环节，使全面协同育人落到实处。

（六）制定完善的课程思政效果评价标准

长期以来，我国高校为了满足社会及企业专业技能型人才的需求，存在重知识技能教学、轻思想道德教育的现象，教育教学疏于培养学生价值观，仅侧重专业技能教育的倾向。提高高校教师"三全育人"能力，就要利用多元化渠道和资源，将思政教育与专业教育有效融合，对学校专业教学进行提质升级，加强对思政教育效果的评价。在评价过程中，高校应建立健全师德师风建设，严格考核"立德树人"实施效果。同时，在学生评价体系中增加对思政内容融合度、价值观践行引导等与思政相关的考核指标，指导学生正确评价新媒体运营课程教师的教学方法与质量。目前，我国高校课程思政仍处于起步阶段，应继续研究课程思政教学规律及课程思政教学评价具体标准，科学实施考核评估与效果评价。

课程思政推进多年，其精神已渗透到电子商务专业新媒体运营课程实际教学工作中，新媒体运营作为新媒体专业理实一体的核心课程，应明晰课程思政教学目标，全面推进课程思政，在专业课讲授中达到专业知识技能与社会核心价值观引领的融合。新媒体运营课程教师要清楚地认识到课程思政的难度及复杂性，紧跟时事，树立正确的价值观，客观理性地看待新媒体时代传播的价值取向。

参考文献

［1］ 罗青，马为公. 新媒体传播［M］. 北京：中国传媒大学出版社，2011.

［2］ 陈鄂，金鑫. 新媒体运营［M］. 重庆：西南师范大学出版社，2019.

［3］ 邓丽，易路博. 新媒体运营［M］. 重庆：重庆大学出版社，2018.

［4］ 刘斌. 新媒体营销与策划［M］. 西安：西安交通大学出版社，2021.

［5］ 刘曌琼. 现代新媒体运营与传播策略［M］. 北京：中国商业出版社，2021.

［6］ 宫承波. 新媒体概论［M］. 9 版. 中国广播影视出版社，2021.

［7］ 吴臻，俞雅琴. 新媒体运营［M］. 武汉：武汉理工大学出版社，2019.

［8］ 李平. 新媒体运营［M］. 北京：中国人民大学出版社，2021.

［9］ 刘琛. 新媒体运营［M］. 北京：电子工业出版社，2019.

［10］ 黄惠铮. 新媒体技术在高校教学改革中的应用研究［J］. 赤峰学院学报
（自然科学版），2016，32（14）：272-273.

［11］ 韩钰洁. 新媒体背景下新闻传播与广告的创意实践探索——评《新闻传播
与广告创意》［J］. 传媒，2023，（14）：98.

［12］ 宋玮. 融媒时代网络直播的创新与突破［J］. 中国地市报人，2023，（08）：
89-91.

［13］ 李茂松. 新媒体环境下的短视频制作与传播路径［J］. 电视技术，2023，
47（10）：65-67.

［14］ 王贤. 新媒体运营存在的风险及应对之策［J］. 视听，2016，（09）：136-137.

［15］ 柯珂. 新媒体运营风险管理中的问题及改善方法［J］. 中国市场，2022，
（02）：178-180+186.

［16］ 郭玲. 对微信公众号运营策略的几点认识［J］. 武汉轻工大学学报，2023，
42（03）：83-86.

[17] 郭思雨. 新媒体背景下的"饭圈"运营模式 [J]. 新媒体研究, 2021, 7 (14)：65-67.

[18] 何舒卉. 抖音的商业运营模式及发展趋势分析 [J]. 环渤海经济瞭望, 2020, (04)：64-65.

[19] 赵璐宁. 小红书的运营模式分析研究 [J]. 中国储运, 2023, (09)：185-186.

[20] 范芳芳. 小红书商业模式研究 [J]. 合作经济与科技, 2022, (05)：86-87.

[21] 张茜, 吴明, 郝晓雅. "头条号"的产业模式与运营思路 [J]. 传媒, 2019, (24)：56-57.

[22] 冯超琪. 互联网思维下的新媒体传播规律分析 [J]. 传播力研究, 2018, 2 (16)：110.

[23] 张燕. 大数据背景下高校新媒体传播教学改革策略 [J]. 科学咨询（科技·管理）, 2021, (09)：27-28.

[24] 朱丽霞. 新媒体运营课程项目化教学改革探索与实践 [J]. 新闻世界, 2023, (08)：111-114.

[25] 邓斯涛. 新媒体短视频运营课中"1+N+1"教学模式 [J]. 新课程教学（电子版）, 2022, (13)：172-173.

[26] 李银淑. 课程思政融入新媒体运营课程教学的实践与探索 [J]. 大学, 2022, (21)：169-172.

[27] [作者不详]. 详解网络爬虫与 Web 安全 [J]. 计算机与网络, 2012, 38 (12)：38-39.

[28] 曹茸. 浅析普利策新闻奖的价值取向 [J]. 新闻传播, 2003 (12)：36-38.

[29] 丹尼斯·麦奎尔. 麦奎尔大众传播理论 [M]. 北京：清华大学出版社, 2006：255.

[30] 邓冠文. 中国互联网宽带技术的历史与发展方向 [J]. 中国新技术新产品, 2011 (9)：26-27.

[31] 丁毓. 抖音："抖"出来的"黑马" [J]. 上海信息化, 2018, (2)：72-75.

[32] 方兴东, 王俊秀. 鲍勃·泰勒：数字时代的精神领袖 [J]. 软件工程师, 2008 (Z1)：15-19.

[33] 郭涵. 抖音 App 发展现状研究 [J]. 现代商贸工业, 2018, 39 (34)：49-50.

［34］郭庆光. 传播学概论［M］. 北京：中国人民大学出版社，2011.

［35］徐国庆. 如何理解项目课程的本质［J］. 职教论坛，2014（09）.

［36］洪杰文，兰雪，李程. 中国新闻机器人现象分析：数据与技术困境下的填字游戏［J］. 中国媒体发展研究报告，2017（00）：205-223+243.

［37］洪颖. "互联网+"："你"的时代［J］. 华北国土资源，2016（1）：4-6.

［38］刘思扬. 变革：数字化社会的媒体智能化发展［J］. 中国记者，2018（10）：32-33.

［39］闵大洪. 全球化时代中文网络的价值［J］. 新闻与传播研究，2001（1）：34.

［40］闵大洪. 中国步入计算机网络时代［J］. 新闻与传播研究，1996（1）：22-29.

［41］任大刚. 极致传播时代，梨视频如何保持定力赢得发展？［J］. 新闻战线，2018（21）：102.

［42］王知津，王金花. 布什的 memex 构想对后世的影响［J］. 图书与情报，2008（5）：13-17+40.

［43］魏宁. 信息技术教材中的科学史探秘之六：互联网是如何发明的［J］. 中国信息技术教育，2008（11）：38-40.

［44］吴鹤龄. Internet 诞生记（上）［J］. 中国计算机用户，1997（29）：14-15.

［45］吴为民. 中国第一封电子邮件［J］. 现代物理知识，2009，21（3）：57-61.

［46］吴晓芳，姜奇平，张明. 昨天篇：互联网的中国之路［J］. 世界知识，2011（11）：14-17.

［47］杨允. 大数据技术对新闻传播的影响［J］. 科技传播，2019，11（5）：96-97.

［48］詹建徽，张代远. 传感器应用、挑战与发展［J］. 计算机技术与发展，2013，23（8）：118-121.

［49］赵翔，郝林. 数字水印综述［J］. 计算机工程与设计，2006（11）：1946-1950.

［50］郑波，汤文仙. 全球无人机产业发展现状与趋势［J］. 军民两用技术与产品，2014（8）：8-11.